中国能源消费转型
与环境规制影响效应研究

艾洪山　谭小清　宋马林　邓志革　著

科学出版社

北京

内 容 简 介

本书以环境经济的高质量发展为主题，紧紧围绕能源消费结构转型和环境规制，聚焦现状分析、效应检验和政策建议三个维度，系统梳理中国环境与经济发展状况及能源消费与环境规制的演化路径，深入探究能源消费结构转型和环境规制措施对我国环境经济的影响，全面总结能源消费结构转型和环境规制优化推动经济可持续、高质量发展的政策建议，为协调生态环境保护与经济高质量发展、推进清洁高效能源体系和生态文明建设提供实证证据和实践指导。本书展现了我国能源消费和环境规制的变迁及其对促进经济可持续、高质量发展的重要作用，切合时代需要，具有较大的实践意义。

本书主要面向政府决策者、企业管理者、学术研究者和高校学生，也可供关心我国生态环境保护事业的一般大众阅读。

图书在版编目（CIP）数据

中国能源消费转型与环境规制影响效应研究 / 艾洪山等著. 北京：科学出版社，2024. 12. -- ISBN 978-7-03-079926-5

Ⅰ. F426.2；X32

中国国家版本馆 CIP 数据核字第 20244PH588 号

责任编辑：陶　璇 / 责任校对：王晓茜
责任印制：张　伟 / 封面设计：有道文化

科 学 出 版 社 出版

北京东黄城根北街 16 号
邮政编码：100717
http://www.sciencep.com
涿州市般润文化传播有限公司印刷
科学出版社发行　各地新华书店经销

*

2024 年 12 月第 一 版　开本：720×1000　B5
2024 年 12 月第一次印刷　印张：8 3/4
字数：150 000
定价：108.00 元
（如有印装质量问题，我社负责调换）

前　言

随着经济规模的急剧扩张、工业化进程的迅速推进，人类向自然攫取资源的欲望远远超过了自然的再生能力，人类排入环境的废弃物大大超出了环境容量，资源耗竭与能源短缺现象见于世界各地，环境污染和生态破坏问题必须得到认真对待。环境与经济协调发展是我国新发展格局下破解能源和环境等多重约束问题的最优解，走可持续发展之路迫在眉睫。

能源是经济社会发展的重要物质支撑，每一次生产力的飞跃都伴随着能源利用效率的提升，能源资源在中国经济飞速发展的过程中起着举足轻重的作用。中国化石能源资源禀赋主要体现为"富煤、贫油、少气"。能源储量方面，2020 年，我国三大化石能源煤炭、石油、天然气的剩余探明储量分别为 1623 亿吨、36 亿吨、6 万亿立方米，按 2019 年消费量计算，分别可供我国使用 40 年、6 年与 20 年，石油及天然气储量相较煤炭而言相对不足。自给能力方面，以 2019 年消费量计算，我国煤炭、石油、天然气的对外依存度分别为 7.31%、77.34% 与 42.69%，石油及天然气自给能力有待进一步提高。

改革开放以来，中国经济的快速发展促使能源消费需求不断提升。1978 年，中国 GDP（gross domestic product，国内生产总值）（不变价）为 3593 亿元，同期能源消费总量约为 6 亿吨标准煤；到 2022 年，中国 GDP 达到 121.02 万亿元，能源消费总量则为 54.1 亿吨标准煤。我国能源消费总量在这期间增长了约 8 倍。同期，中国一次能源生产总量自 1978 年的 6.3 亿吨标准煤增长到 2022 年的 46.6 亿吨标准煤，增长约 6.4 倍。我国能源生产能力的增长幅度低于能源需求增速，能源供给压力不断增大。

由于能源消费的高增长率与能源开采的低增长率之间的固有矛盾，现今能源供给难以全面满足经济发展能源需求。以煤炭、石油、天然气三大化石能源为例，煤炭作为中国储量最为丰富的能源，占据中国能源生产、消费的绝对主力。据国家统计局数据，2022 年煤炭分别占我国一次能源生产及消费总量的 67.4%和 56.2%。对外依存度方面，2000 年后，中国煤炭消费量逐渐超过生产量，出现供给缺口。2022 年，我国共消费了 30.40 亿吨煤炭，其中 2.932 亿吨由进口满足，占比为 9.64%。石油是交通运输和化工等领域的重要能源和原材料。2022 年石油分别占我国一次能源生产及消费总量的 4.4%和 17.9%。对外依存度方面，我国石油消费量随经济发展不断增加，但其生产规模却受到贫油的资源禀赋限制而无法快速提升，石油供给缺口自 20 世纪 90 年代起不断扩大。2022 年我国共进口原油 5.0828 亿吨，占当年原油消费总量（约 96 839 万吨）的 52.5%。天然气是重要的清洁能源。2022 年，天然气分别占我国一次能源生产及消费总量的 6%和 8.5%。对外依存度方面，少气的资源禀赋同样导致我国天然气供需存在缺口。2022 年我国共消费天然气约 29 168 万吨[①]，其中有 10 925 万吨来自进口，占比达到 37.5%。可以发现，随着经济发展水平的提高，中国各类能源需求不断增长，但受限于"富煤、贫油、少气"的能源资源禀赋，能源供给较能源消费缺口不断扩大、油气对外依赖严重。

高消耗的能源使用为中国粗放型经济的快速发展提供了物质帮助，但能源消费也带来过度开采、生态破坏等一系列环境问题，为保证能源消费不对生态环境产生破坏，减缓全球变暖、极端气候频发等问题，推动经济的可持续发展，中国政府正着力建立清洁高效的能源开发利用体系，出台环境规制法规。2021 年 9 月，中共中央、国务院发布《关于完整准确全面贯彻新发展理念做好碳达峰碳中和工作的意见》，要求在 2025～2060 年内逐步提高非化石能源在我国能源结构中的占比。可以发现，加快可再生能源的发展被提升到更加重要的战略位置。与此同时，2021 年"运动式减碳"叠加"环保限产"政策，造成部分地区出现大规模拉闸限电现象，这促使党中央在 2022 年初对"双碳"工作的路线和思路进行纠偏。2022 年 2 月，国家发展改革委、国家能源局发布《关于完善能源绿色低碳转型体制机制和政策措施的意见》，从能源战略规划、能源消费、能源开发利用等多个维度提出了我国能源体系转型的路径设计，并且要求在"十四五"时期基本建立推进能源绿色低碳发展的制度框架，形成比较完善的政策、标准、市场和监管体系，构建以能耗

---

① 天然气密度取 0.8 千克/米³。

"双控"和非化石能源目标制度为引领的能源绿色低碳转型推进机制。

当前，随着各国持续加大环境规制的力度，推动能源消费绿色转型，加强中国能源消费和环境规制政策对经济发展影响效应的理解变得越发紧要。从能源消费的视角出发，对中国实施环境规制所产生的经济创新效应进行研究，探究节能减排和环境规制的主要效应，优化中国环境规制理论，为推动经济可持续发展提供有益思考具有重要的理论意义和现实意义。这不仅将有效推进环境治理政策科学化与合理化，促进中国能源资源合理配置，而且更有利于实现"经济发展与生态平衡"的包容性环境政策体系，引导各类经济主体创新发展，建立可持续发展的工业体系。

加快推广可再生能源产业的发展，从根本上优化能源产业结构，帮助能源产业向绿色化转型升级，推动经济向低碳节能的可持续发展的经济模式转变，对于帮助整个能源经济体系走向现代化，构建能源生产和消费的新格局，使全社会的生产和生活活动绿色化具有重要意义。能源消费的绿色化转型是21世纪可持续发展的核心主线，也对我国的生态文明建设的实现具有重要作用。本书包含了煤炭消费对环境污染的影响研究，并对其进行动态分析，这有利于直观地考察中国的能源消费和环境规制情况，对中国转变经济发展方式、推动经济高质量发展具有重要意义。

由于生态环境具有公共品性质，地方政府和企业为了追求经济效益最大化，往往忽视排污造成的环境负外部性。为了在发展经济的同时保护好生态环境，政府作为社会管理和生态环境治理的重要主体，应采取各种环境规制措施降低经济发展所造成的生态影响。此外，环境规制的强度还会影响企业的创新行为，进而影响经济增长方式的转变。构建生态环境保护与经济可持续发展之间的良性循环，是打造绿色经济增长新引擎的重要举措。所以，探究环境规制的经济社会影响，特别是不同规制工具的异质性影响，就具有特别重要的实践意义。本书对环境规制的异质性效应及其影响因素的研究，对于提高地方政府的生态环境治理能力，制定差异化的环境规制政策，完善环境治理体制机制，促进区域间协调均衡发展都具有重要现实意义。

在中国能源消费和环境规制影响效应研究中，需要思考的核心问题是：中国环境经济发展现状如何？中国能源消费和环境规制的演化路径是什么？相关影响效应有哪些？中国煤炭消费如何影响空气污染？中国脱硫电价补贴政策如何影响污染减排？如何给出优化升级中国能源消费结构的政策建议？如何给出环境规制推动经济可持续发展的政策建议？相关内容将分为七个章节展开说明。

第一章研究中国环境与经济发展状况和可持续发展。环境与经济协调发展、经济增长与环境保护目标双重并行是国家长治久安的重中之重。第一章将从中国环境发展状况概述及中国环境保护目标出发详细介绍中国的环境发展状况，从中国经济发展状况概述及中国经济发展的特点出发介绍中国经济发展的状况。从环境与经济发展关系相关理论出发，依据新中国成立以来中国环境与经济发展的原始协调、初步协调、深入协调、生态文明建设阶段，第一章将详细阐述中国环境与经济发展之间的关系，并总结出中国环境与经济协调发展的特点。

第二章研究中国能源消费与环境规制的演化路径及主要特点。能源消费是国家生产力发展与经济增长的重要基础。我国能源消费的演化过程与国家经济增长过程存在着千丝万缕的联系。第二章将中国能源消费的演化过程分为两部分——中国能源消费总量演化路径与中国能源消费结构演化路径，分析我国能源消费总量和能源消费结构随着国家经济增长和产业结构变化而演化的过程。根据新中国成立以来中国能源消费的演化过程，本章从能源消费总量变化率、能源消费结构、产业能源消费结构、居民生活能源消费占比、能源消费利用效率以及能源消费区域差异六个方面总结中国能源消费的主要特点。我国的环境规制政策旨在推动经济社会发展与环境保护相协调，实现可持续发展。我国的环境保护和环境规制政策经历了长期的发展和演变，形成了较为完善的体系。第二章根据中国环境规制政策的发展历程，将中国环境规制政策演化分为四个阶段：初步探索阶段（1949~1977年）、确立落实阶段（1978~2001年）、完善发展阶段（2002~2011年）、多元化提升阶段（2012年至今），梳理不同中国经济发展阶段中中国环境规制政策的演化路径。结合中国环境规制政策的演化过程，第二章从环境规制理念、环境规制政策执行力度和环境规制方式三个方面阐释了中国环境规制的政策演化和主要特点。

第三章研究中国能源消费和环境规制的影响效应。第三章将重点分析中国能源消费对经济增长、产业结构、出口贸易、环境污染的影响，以及中国环境规制对经济增长、产业结构、技术创新、对外贸易、环境污染的影响，按照时间顺序梳理国内外学者在能源消费影响效应方面的研究，分析其主要观点，并对不足之处加以说明。对于环境规制的影响效应研究，第三章将对环境规制政策进行划分，并对影响效应所产生的学术观点列举文献加以说明，指出其不足之处。

第四章研究中国煤炭消费对大气污染的影响。第四章首先区分集中用煤消费和散煤消费对大气污染的不同影响，明确二者对大气污染的贡献度。其次，进一步讨论集中用煤消费和散煤消费的细分类型的大气污染效应，从研究结果看，集中用煤和散煤均是显著导致中国大气污染产生的主因，整体上，集中用煤消费对大气污染的影响显著大于散煤消费对大气污染的影响。从这两类煤炭消费的控制政策效果看，集中用煤消费控制政策起到了明显的大气污染减排效果，而散煤消费控制政策并没有达到预期的效果。对集中用煤消费进行分解所得到的估计结果显示，分解后的集中用煤的大气污染效应不尽相同，仅工业用煤消费和供热用煤消费对大气污染具有显著的正向促进效应。同时，各省平均集中用煤消费量最高的火力发电对大气污染的贡献并不像想象中那么高，即中国的火力发电用煤消费的大气污染效应已经得到了有效的控制。对散煤消费进行分解的结果表明，仅批发和零售业、住宿和餐饮业用煤消费对于大气污染具有显著的正向促进效应。

第五章研究中国脱硫电价补贴政策对污染物排放的影响。第五章采用双重差分（difference-in-differences，DID）法检验中国脱硫电价补贴政策与火电厂 SO_2 排放的关系。研究表明，政府实施脱硫电价补贴政策显著降低了城市火电厂的 SO_2 排放量。受到个别政策冲击，2004 年的平均效应并不显著，脱硫电价补贴政策的实施效果为负，这可能是因为，在该政策实施时，新建的发电厂继续投资并建设脱硫设施，希望获得政府补贴。在企业运营资本有限的情况下，增加固定资产投入无疑会减少企业对产品生产研发的投入。当政策补贴范围扩大到所有燃煤电厂后，其增强了减排效应。脱硫电价补贴政策的异质性分析结果表明，市场化发展水平较高的南方地区，SO_2 的减排效果更好；欠发达的地区在政策的同等补贴水平下，SO_2 的减排效果更好。

第六章给出中国能源消费结构转型与经济高质量发展的政策建议。为了促进能源消费结构向绿色低碳化转型，国家和政府应当制定能源长期发展战略，控制能源消费总量和消费强度，完善发展经济政策体制，推动能源技术创新，建立健全监督评价体系，以推动能源消费结构优化。结合中国能源消费结构特点和问题剖析，第六章提出了促进中国能源消费结构绿色低碳化转型的政策建议：①推动化石能源绿色低碳可持续利用；②促进清洁能源产业蓬勃发展；③推动产业结构与能源消费结构协同发展；④树立勤俭节约的消费观念。同时，第六章也提出了中国能源消费结构转型助力经济高质量发展政策建议。一是加快建立清洁低碳、安全高效的能源体系；二是完善国家能源战略和规划实施的协同推进机制。

第七章给出中国环境规制推动经济可持续发展的政策建议。首先，结合现有文献，从直接与间接两个维度，对中国环境规制政策的成本和收益进行分析。其次，基于可持续发展定义、"波特假说"框架与现有实证研究，从绿色创新、产业转型与提高全要素生产率三个维度探讨了中国环境规制推动经济可持续发展的表现。最后，基于前面的分析，对中国环境规制如何进一步推动经济可持续发展提出政策建议。

本书主要围绕中国能源消费和环境规制的影响效应展开研究，但由于笔者水平有限、研究时间较短、研究精力不足等原因，本书依然存在一些不足之处，这也为此研究主题未来的发展提供了思考方向，后续研究可以进行深入分析。

第一，囿于数据限制，研究的时间样本仅局限在 2000～2016 年，2017年后中国对集中用煤和散煤的整治力度进一步加大，减排技术水平也在提升，这些因素对大气污染效果的影响如何有待深入研究。同时，煤炭消费类型对大气污染的影响也与区域类型有关，如在工业密集区、生活密集区及非密集区中，不同类型煤炭消费对大气污染影响效应的差距及其与环境容量的关系有待研究。虽然本书初步分析了多种类型的散煤消费对大气污染的影响，但是限于缺乏微观数据，本书在实证中没有考虑空间集聚等因素，并未给出针对具体区域的散煤消费优化控制措施，这些问题值得未来做进一步的探讨和优化。

第二，由于不同类型的企业面临的环境规制不同，政策实施的影响效应也会不同。由于不同类型企业面临的环境规制强度和实施成本不同，采取的应对策略将存在差异。国有企业由于与地方政府有着较为紧密的联系，出于维护当地的经济稳定和就业市场的考虑，地方政策在执行中往往会出现一定的政策倾斜。同时，不同地区的政策执行力度也可能不尽相同，于是，企业需要更积极地适应当地实际情况、调整自身生产经营。由于不同城市对电力的市场需要不同，火电厂的发电产量也不同，为了使脱硫电价补贴政策更加广泛有效，应因地制宜地根据不同行政区位制定相应的政策实施细则。由于本书仅讨论了基于脱硫电价补贴政策减少空气污染的政策的有效性，因此，进一步的研究方向是对具体的政府规制措施进行考察评价。

目　　录

第一章　中国环境与经济发展状况和可持续发展

第一节　中国环境发展状况

一、中国环境发展状况概述

新中国成立以来，我们党领导人民在正确处理人口与资源、经济发展与环境保护关系等方面进行不断探索，持续加大生态环境保护力度，改革完善生态文明体制机制，积极推动生态环境质量改善，生态环境保护事业不断向前发展。本节主要从环境污染与治理、气候变化与应对两方面来详细阐述我国环境发展状况。

（一）环境污染与治理

1. 工业污染

长期以来，我国部分地区工业废水、废气排放控制不力，同时，随着城市化进程加速，城市污水处理能力不足，部分地区水环境受到污染，为此，我国不断加强环保法律法规的制定和执行，加大环境监测和治理力度，提高污染物排放标准，致力于抑制工业污染的排放。根据《2022 中国生态环境状况公报》，2022 年全国统计调查的涉气工业企业废气治理设施共有 394 604 套，SO_2 去除率为 96.5%，氮氧化物去除率为 75.1%；2022 年全国统计调查的涉水工业企业废水治理设施共有 72 854 套，化学需氧量去除率为 97.9%，氨氮去除率为 98.9%；截至 2022 年底，全国城市污水处理厂处理能力为 2.15 亿米 ^{3}/日，污水排放总量为 639.3 亿立方米，污水处理总量为 625.8 亿立方米，污水处理率为 97.9%。

从时间维度来看（图 1.1），自 2012 年起，我国主要空气污染物（SO_2、氮氧化物、颗粒物）排放量持续下降；从区域维度来看（图 1.2），我国东部、中部、西部和东北地区[①]的 SO_2 排放量均经历了一个持续降低的过程，截至 2022 年都保持在相对较低的水平，相较而言，西部地区和东部地区 SO_2 排放量降幅较大，说明国家发布的一系列环境法规、污染治理措施显著抑制了这些地区的工业废气排放。

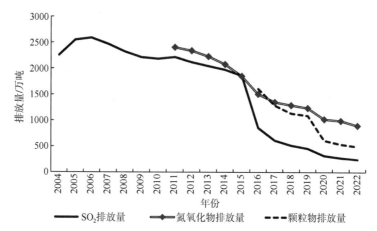

图 1.1　2004～2022 年中国主要空气污染物排放量变化趋势

资料来源：国家统计局

氮氧化物排放量和颗粒物排放量有部分年份未公布数据

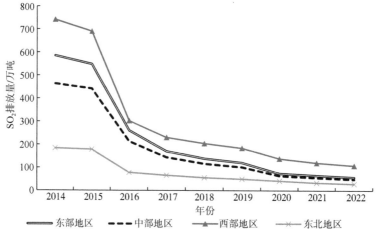

图 1.2　2014～2022 年中国各区域 SO_2 排放量变化趋势

资料来源：国家统计局

---

① 区域划分与《中华人民共和国 2023 年国民经济和社会发展统计公报》一致，东部地区为北京、天津、河北、上海、江苏、浙江、福建、山东、广东和海南 10 省（市），中部地区为山西、安徽、江西、河南、湖北和湖南 6 省，西部地区为内蒙古、广西、重庆、四川、贵州、云南、西藏、陕西、甘肃、青海、宁夏和新疆 12 省（区、市），东北地区为辽宁、吉林和黑龙江 3 省。

现阶段，我国环境空气质量稳中向好。如图 1.3 所示，2022 年全国 339 个地级及以上城市中，城市环境空气质量达标的共有 213 个，占比为 62.8%；城市环境空气质量超标的共有 126 个，占比达到 37.2%。同时，所有城市的 SO_2、NO_2 和 CO 浓度均达标。据《2022 中国生态环境状况公报》，2022 年我国 339 个城市环境空气优良天数[①]比例为 86.5%，好于年度目标 0.9 个百分点，2022 年等级为优的天数占比为 37.7%，等级为良的天数占比为 48.8%；重度及以上污染天数占比为 0.9%，比 2021 年下降 0.4 个百分点，2022 年轻度、中度、重度和严重污染天数占比分别为 10.7%、1.8%、0.6%、0.3%，说明我国城市大气污染治理取得了良好成效。

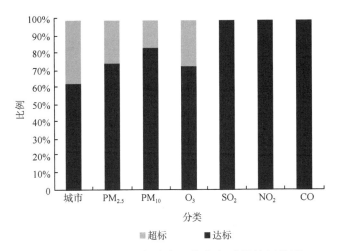

图 1.3　2022 年 339 个城市环境空气质量达标情况

资料来源：《2022 中国生态环境状况公报》

我国城市水环境质量持续向好。2022 年，全国地表水监测的 3629 个国控断面中，Ⅰ～Ⅲ类水质断面占比为 87.9%，比 2021 年上升 3.0 个百分点。其中，Ⅰ类水质断面占比为 9.0%，Ⅱ类水质断面占比为 50.8%，Ⅲ类水质断面占比为 28.1%。劣Ⅴ类水质断面占比为 0.7%，比 2021 年下降 0.5 个百分点。长江流域、珠江流域、浙闽片河流、西北诸河和西南诸河水质为优，黄河流域、淮河流域和辽河流域水质良好，松花江流域和海河流域部分区域存在轻度污染情况。

---

① 空气质量指数（air quality index，AQI）在 0~100 的天数为优良天数，又称达标天数。

2. 固体废物

固体废物指人类日常生产与消费活动中产生的固体废弃物、泥状物质以及从废气、废水中分离出来的固体颗粒物，通常包含工业固体废物、生活垃圾、危险废物等。工业固体废物随意堆放，生活垃圾分类和处理不当，都会导致环境污染和资源浪费。因此，我国颁布了一系列政策和指导性文件来引导固体废物产生行业做好废物资源的再利用工作，如 2021 年 3 月发布的《中华人民共和国国民经济和社会发展第十四个五年规划纲要和 2035 年远景目标纲要》中就要求全面整治固体废物非法堆存，提升危险废弃物监管和风险防范能力。

由于我国的工业生产活动强度较高，总体来看我国工业固体废物产生量保持增长态势（图 1.4）。2021 年，我国一般工业固体废物产生量为 39.70 亿吨，相比 2020 年增加 2.95 亿吨。我国不同地区的一般工业固体废物产生量存在较大区别。据《2022 中国环境统计年鉴》，2021 年东部地区共产生一般工业固体废物 10.392 亿吨，中部地区为 10.3652 亿吨，西部地区为 15.1488 亿吨，东北地区为 3.7948 亿吨。具体到省（区、市），2021 年我国一般工业固体废物产生量排名前三的地区是山西省、内蒙古自治区和河北省，其工业固体废物产生量分别为 4.59 亿吨、4.12 亿吨和 4.09 亿吨，合计占全国工业固体废物产生量的 32.2%。

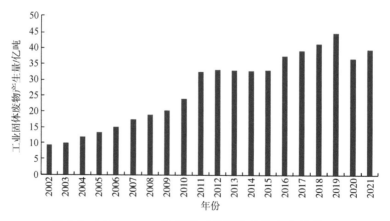

图 1.4　2002～2021 年我国工业固体废物产生量情况

资料来源：《中国环境统计年鉴》

在固体废物处理方面，我国表现积极。如图 1.5 所示，"十三五"期间，全国治理固体废物项目投资增长速度明显加快，2016 年实现全国治理固体废物项目投资 46.67 亿元，同比增速高达 189.06%，投资力度为 2014～2022 年的峰值。细分至固体废物种类方面，《2022 中国生态环境状况公报》指出，2022 年，全国一般工业固体废物产生量为 41.1 亿吨，综合利用量为 23.7 亿吨，处置量为 8.9 亿吨；全国城市生活垃圾无害化处理能力为 109.2 万吨/日，无害化处理量为 25 767.22 万吨，生活垃圾无害化处理率为 99.9%；全国约有 6 万家单位危险废物年产生量在 10 吨及以上，申报产生约 1 亿吨危险废物，截至 2022 年底，全国 6000 余家单位持有危险废物经营许可证，危险废物集中利用处置能力约 1.8 亿吨/年。

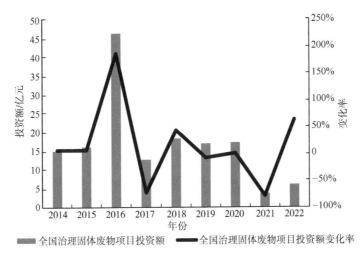

图 1.5　2014～2022 年全国治理固体废物项目投资额及其变化率

资料来源：国家统计局

（二）气候变化与应对

1. 温室气体排放

《2022 中国生态环境状况公报》指出，从 1951 年开始，我国平均气温总体攀高，于 2022 年达到历史次高，为 10.51℃，较常年（1991～2020 年）平均值偏高 0.62℃。从区域来看，2022 年，除吉林、广西、海南气温较常年偏低外，其他省（区、市）气温均偏高，甘肃、湖北、四川和新疆气温为 1961 年以来历史最高，安徽、河南、湖南、江苏、江西、宁夏和青海为历史次高。

地球大气中的主要的温室气体有 CO_2、O_3、CH_4、N_2O、氢氟碳化合物（HFCs）、全氟碳化合物（PFCs）、SF_6 等，其中，CO_2 含量较多，约占比 25%，对全球升温的贡献百分比最大。党的十八大召开以来，我国生态文明建设进程加快，温室气体排放逐步得到有效控制，2022 年，全国万元国内生产总值 CO_2 排放比 2021 年下降 0.8%[①]。

在能源生产及消费情况方面，2022 年我国一次能源生产总量为 46.6 亿吨标准煤，比 2021 年增长 9.2%，具体来说，较 2021 年，2022 年我国原煤产量增长 10.5%、原油产量增长 2.9%、天然气产量增长 6.0%、发电量[②]增长 3.6%。2022 年我国能源消费总量为 54.1 亿吨标准煤，相比 2021 年增长 2.9%，其中，煤炭消费量增长 4.3%，原油消费量下降 3.1%，天然气消费量下降 1.2%，电力消费量增长 3.6%，而煤炭消费量占能源消费总量的 56.2%，比 2021 年上升 0.3 个百分点；天然气、水电、核电、风电、太阳能发电等清洁能源消费量占能源消费总量的 25.9%，比 2021 年上升 0.4 个百分点。总体而言，2022 年全国万元国内生产总值能耗比 2021 年下降 0.1%，我国能耗控制稳中向好。

在交通运输方面，《中国国家铁路集团有限公司 2022 年统计公报》指出，2022 年国家铁路单位运输工作量综合能耗为 3.91 吨标准煤/百万换算吨公里，比 2021 年下降 4.2%；国家铁路 SO_2 排放量 1228 吨，比 2021 年下降 47.5%。据《2022 中国生态环境状况公报》，2022 年全国新能源公交车总量为 54.26 万辆，相比 2021 年增长 6.6%，新能源公交车在城市公交车总量中的占比已经达到 77.2%，比 2021 年上升 5.4 个百分点。

2. 极端气候事件

极端气候事件频发，给人类带来巨大的经济损失和生命财产损失，为此，国家出台了一系列减缓和适应气候变化的政策和行动计划，进一步推广清洁能源、促进低碳经济的发展。据统计，我国 2022 年洪水干旱交叠并发，全国共出现 38 次区域性暴雨过程，超 14 个省（区、市）存在中度至重度气象干

---

① 万元国内生产总值 CO_2 排放按照 2020 年价格计算。
② 发电量包括火力发电量、水力发电量、核能发电量，其中火力发电量包括燃煤发电量，燃油发电量，燃气发电量，余热、余压、余气发电量，垃圾焚烧发电量，生物质发电量。

旱,如长江流域夏秋连旱为 1961 年有完整实测记录以来最严重的气象水文干旱;2022 年我国(不含港澳台)共发生 27 次 5 级以上地震,主要集中在青海、新疆、四川等西部地区;2022 年全国共发生地质灾害 5659 起,其中,滑坡 3919 起、崩塌 1366 起、泥石流 202 起、地面塌陷 153 起、地裂缝 4 起、地面沉降 15 起。

二、中国环境保护目标

(一)生态文明建设

生态文明是我国未来发展的方向。我国致力于构建人与自然和谐共生的现代化社会,通过加强生态保护和修复,实现生态环境质量的总体改善,为人民提供清洁、安全、宜居的环境。

(二)污染防治攻坚

污染防治是环境保护的重中之重。我国将采取有力措施,全面打好污染防治攻坚战,特别是针对大气、水、土壤等环境污染问题,加强源头防控,强化污染治理,确保环境质量持续改善。

(三)资源节约利用

资源是有限的,必须坚持节约优先、保护优先的原则。通过推广循环经济、绿色生产等方式,提高资源利用效率,减少资源浪费,实现经济发展与环境保护双赢。

(四)生态保护修复

生态保护修复是保护生物多样性和生态系统完整性的重要手段。我国将加强自然保护区、生态功能区等关键区域的管理和保护,开展生态修复工程,促进生态环境质量不断提升。

(五)促进绿色发展

绿色发展是我国经济社会发展的重要方向。我国将推动产业结构优化升级,发展绿色产业和循环经济,促进绿色低碳发展,实现经济、社会、环境的协调发展。

（六）应对气候变化

应对气候变化是全球共同的责任。我国将积极参与全球气候治理，加强温室气体排放控制，推动清洁能源发展，提高应对气候变化的能力。

（七）环境风险防控

环境风险防控是保障人民生命财产安全和生态环境安全的重要任务。我国将加强环境风险预警和应急管理体系建设，提高环境风险防控能力，有效防范和应对突发环境事件。

（八）生态文明体制改革

生态文明体制改革是推进生态环境治理体系和治理能力现代化的关键举措。我国将深化生态环境保护管理体制改革，完善生态环境法规政策体系，构建科学高效的生态环境治理体系。

第二节　中国经济发展状况

一、中国经济发展状况概述

（一）经济总量与增长

随着我国改革开放进程的不断推进以及国民经济的持续增长，我国 GDP 也在过去的几十年里维持了高速增长（图1.6），成为全球第二大经济体。我国经济增长速度可以划分为四个阶段。第一阶段是 1978 年至 1994 年。1978 年以来，我国开始改革开放，1978 年的 GDP 增速就达到 13.19%[①]。此后，我国 GDP 增速在波动中上升，并于 1994 年达到 36.34%[②]的高点。第二阶段是 1995 年至 2002 年。为应对经济过热造成的不良影响，我国积极采取遏制通胀的货币政策，GDP 增长率也开始下降，1995 年即下降到 26.12%，1999

---

① 据《中国统计年鉴 2002》计算。
② 据《中国统计年鉴 2023》计算。

年更是下降到 6.3%，此后则有所反弹。第三阶段是 2003 年至 2007 年。我国于 2001 年加入世界贸易组织（World Trade Organization，WTO），更深入地参与到世界市场之中，倡导"引进来"和"走出去"；在国内则出台一系列政策扩大内需。两相作用之下，经济增速进一步加快，并于 2007 年实现了 23.08%的 GDP 增长率。第四阶段是 2008 年至今。在 2008 年国际金融危机后，世界经济发展都受到很大影响。自那以来，我国的 GDP 增长率也呈下降趋势，2008 年为 18.2%，2022 年则为 5.31%。

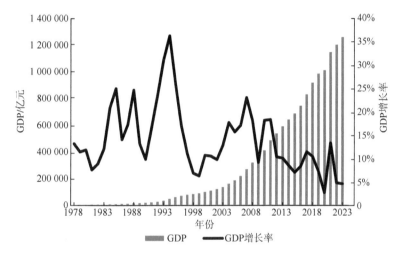

图 1.6　我国 1978～2023 年 GDP 及 GDP 增长率

资料来源：国家统计局

　　虽然我国经济总量增长迅速，但我国人均 GDP 水平仍较低。据《中国统计年鉴 2023》，我国 2022 年人均 GDP 为 85 698 元，相比 2021 年增长了 3%。2019 年，我国人均国民总收入（gross national income，GNI）为 10 410 美元[①]，根据世界银行的标准，我国已进入中等偏上收入经济体（人均 GNI 在 4046 美元以上），但还未达到高收入经济体水平。

　　我国的经济发展具有显著的区域性特点，各地区经济发展不平衡（图 1.7）。总体来看，东部地区经济发展水平显著高于东北地区、中部地区和西部地区，我国西部地区经济发展相对落后。

---

　　① 《世界银行如何划分各经济体收入水平》，https://www.stats.gov.cn/zs/tjws/tjbz/202301/t20230101_1903742.html[2024-08-01]。

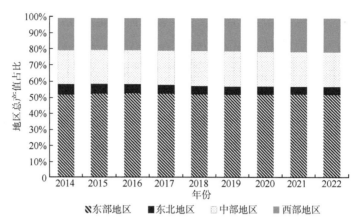

图 1.7　我国 2014～2022 年各地区总产值在 GDP 中的占比

资料来源：国家统计局

（二）产业结构与变化

改革开放以来，我国三次产业结构在调整中不断优化，总体表现出由"二一三"向"二三一"，再向"三二一"变化的趋势（图 1.8）。1978 年，我国产业结构呈现"二一三"格局，三次产业在 GDP 中所占比例为 27.7∶47.7∶24.6。1985 年第三产业规模首次超过第一产业，三次产业比例实现"二一三"向"二三一"的重大转变，三次产业比例为 27.9∶42.7∶29.4。可以发现，自 20 世纪 80 年代早期以来，第一产业增加值在我国 GDP 中的占比就呈现出明显的下降趋势。自 2006 年以来，第二产业增加值占比持续下降。第三产业增加值占比则持续上升，并于 2013 年超过第二产业，成为推动国民经济发展的主导力量，三次产业结构实现"二三一"向"三二一"的历史性转变，三次产业比例为 10.0∶43.9∶46.1。特别是党的十八大以来，我国经济发展步入新阶段，经济结构战略性调整和转型升级加快推进。2019 年我国三次产业比例为 7.1∶39.0∶53.9，"三二一"产业格局更加稳固，经济发展的全面性、协调性和可持续性显著增强。2020 年受新冠疫情影响，第二产业（尤其是制造业）受到较大冲击，三次产业比例又调整为 7.7∶37.8∶54.5。具体来看，第一产业增加值占比不断下降，由 1978 年的 27.7%下降至 2022 年的 7.3%，其间下降了 20.4 个百分点。第二产业增加值占比经历了先下降后上升再下降的波动式发展轨迹，由 1978 年的 47.7%下降至 1990 年的 41.3%，随着新一轮对外开放政策的实施又上升至 2006 年的 48.7%，之后再逐步下降至 2022 年的 39.3%。1978～2022 年，第二产业增加值占比下降了 8.4 个百分点。第三产业增加值占比稳步上升，由 1978 年的 24.6%上升至 2022年的 52.8%，共提高了 28.2 个百分点。

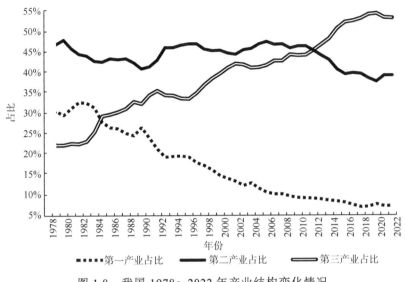

图 1.8　我国 1978～2022 年产业结构变化情况

资料来源：国家统计局

2020 年新冠疫情暴发后，我国工业生产率率先复苏，全球供需缺口得以有效弥补。同时，在新冠疫情影响下，国内的服务业需求激增，我国第三产业增加值由降转升，2023 年为 688 238 亿元，占 GDP 的比例提高到 54.6%；对比之下，第二产业增加值由升转降，2023 年占 GDP 的比例下降至 38.3%。"十四五"期间，我国产业结构进一步优化，第三产业占比呈现上升趋势，服务业为主的第三产业的充分复苏和发展，一方面有利于改善低技能劳动力就业问题，另一方面能缓解包括高校毕业生在内的 16～24 岁青年人口的失业问题，进一步带动居民收入增长和分配状况改善。

（三）能源消费状况

2001～2023 年我国国民经济规模飞速增长，与之相伴的能源消费总量则基本呈线性增长（图 1.9）。2023 年我国能源消费总量达到 57.2 亿吨标准煤，较上年增长 5.7%，电力消费量增长 6.7%。能源消费增长率与 GDP 增长率基本持平，一方面表明中国工业化发展迅猛，现在重化工时代已经接近尾声，产业逐渐转型升级，另一方面也说明能源的贡献度高，能源在推动经济发展中具有突出的地位。

图 1.9　2001～2023 年我国能源消费增长率与 GDP 增长率趋势

资料来源：国家统计局

　　人均能源消费量通常取决于该国的能源消费结构（张子荣，2018）。能源消费结构有三种类型，分别为高度耗能型、一般耗能型和节能型。2000～2021 年我国人均能源消费量如图 1.10 所示，未来一段时间内，我国的人均能源消费量仍将呈上升趋势，但由于中国人口众多，与世界发达国家相比还会存在一定差距。以电力能源消耗为例，20 世纪 80 年代末、90 年代初，我国电力建设强劲，装机容量快速增长，有效地保障了经济强劲增长对电力的需求。自 1994 年开始，由于我国实施严格的宏观经济调控政策，GDP 增速相对放缓，电力需求增速也显著下降，全国电力供需达到平衡。21 世纪以来，我国积极参与一系列大型国际活动，如加入 WTO、举办亚运会、奥运会、世博会等，推动我国经济迅速发展，电力工业也厚积薄发，电力生产、传输、消费规模扩大的同时，也更加环保绿色，新能源发电占比不断攀升。2020 年，国务院新闻办公室发布《新时代的中国能源发展》白皮书，数据显示，我国于 2019 年实现风电装机容量 2.1 亿千瓦，成为世界第一风电大国；截至 2019 年底，光伏发电装机总容量达到 2.04 亿千瓦，居世界首位。中国在生态文明建设与可持续发展道路上大步向前，致力于实现经济与环境的协调发展。

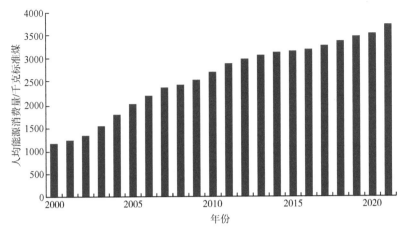

图 1.10　2000～2021 年我国人均能源消费量

资料来源：国家统计局

二、中国经济发展的特点

（一）经济总量大但发展水平有待提高

据国家统计局数据，2022 年，我国人均 GDP 达到 85 698 元，相当于 1978 年水平的三十余倍。这是经济发展的重大成就。2022 年的世界人均 GDP 为 12 687.7 美元，约合 85 271.81 元。我国经济表现出较为明显的"总量大、人均低"特征。此外，我国产业结构中第二产业仍占较大比重，工业特征较为明显，尤其在偏远落后地区，如西部地区和农村地区，仍存在大量生产高耗能、低附加值产品的情况。一方面由于我国区域经济发展不平衡，西部地区的人均 GDP 约为东部地区的一半，生产技术、管理经验都相对匮乏；另一方面，我国城市化水平较低，2022 年末，我国常住人口城镇化率为 65.22%，低于世界发达国家 80%以上的城市化率，广大农村地区受制于基础设施等条件仍在使用传统的生物质能。

（二）经济增长速度快但增长质量有待提升

我国经济长期持续的高速发展被称为"中国奇迹"，早在 2010 年，我国就已经成为世界第二大经济体，2003～2011 年的经济年平均增长率持续维持在 10%左右，但是经济高速增长的同时也导致了一些问题的出现，如污染物排放、环境破坏等。因此，中国提出经济由高速增长阶段转向高质量发展阶段，走可持续发展和绿色发展之路，实现经济增长与环境保护双赢。

（三）经济发展不平衡且差距有待缩小

区域不平衡是我国经济发展的一个重要问题，城乡二元差异、东中西部发展差距、南北经济发展不平衡等问题仍然存在。造成这种局面的因素有很多，如历史因素、地理因素、人力资本、自然资源等。我国应积极布局能源结构调整、产业结构转化、科学技术投入等相关政策，推动城乡差距、东中西部差距、南北差距缩小。

第三节　中国环境与经济发展的关系

一、关于环境与经济发展关系的理论

18 世纪人类迈入工业文明阶段，产业革命进程加速，技术进步日新月异，人类改造自然的能力得到极大的提升，经济发展迅猛，物质产品日渐丰富。正当人类以为可以驾驭自然，做自然的主人时，却发现自己与自然那么不协调，环境污染、资源枯竭等问题日趋严重，经济发展与生态环境的关系日趋对立。尤其在 20 世纪中叶，积累到一定程度的环境问题在发达资本主义国家集中爆发，出现震惊全世界的公害事件。人类不能再漠视自然了，重视环境与经济发展的关系刻不容缓。基于此背景，关于环境与经济发展关系的理论的研究不断丰富。

（一）可持续发展理论

"可持续发展"一词最早出现于《世界自然资源保护大纲》中。目前，公认的"可持续发展"的定义来自 1987 年联合国世界环境与发展委员会发布的《我们共同的未来》，该报告将可持续发展定义为"既满足当代人的需要，又不对后代人满足其需要的能力构成危害的发展"。该定义主要有两个方面的内涵：一是人类要发展，这里的发展不仅指经济的发展，还应该包括环境的发展、社会的发展、人的发展等各个方面的发展；二是发展是有限度的、有条件的，发展首先不能超过环境阈限，其次不能危害后代人的发展。因此，"可持续发展"定义可解释为，以人的发展为目标，以生态环境的可持续发展为基础，以科学技术进步为动力，以经济发展为核心的发展战略和发展模式，其关键是实现人口、资源、环境和经济的协调发展。

（二）环境—经济系统理论

环境—经济系统理论是环境经济学的基础和核心理论，认为环境—经济系统是由环境系统和经济系统两个子系统，通过物质循环、能量流动、信息和价值的交换或转换，相互依赖、相互交织与耦合而形成的具有自身结构和功能的复合大系统，它既受自然规律的制约，具有自然属性，同时又受客观经济规律的支配，具有社会属性。

环境—经济系统有四个基本组成要素：人口、资本、资源、技术，由此组成环境子系统、经济子系统和技术子系统三个子系统。环境子系统为人类的生产、生活提供空间、资源、能量和环境容量，是环境—经济系统运行的基础；经济子系统为人类生存提供产出，是环境—经济系统的主体；技术子系统是上述两个子系统相互作用、相互耦合，形成环境—经济系统这一有机整体的中介环节。由上述三个子系统构成的环境—经济系统具有物质循环、能量流动、价值增值、信息传递四大功能。物质循环分两类：一类是环境子系统的物质循环，它是通过"生产者—消费者—分解者—环境—生产者"这一循环过程进行的；另一类是经济子系统的物质循环，它是通过"生产—分配—交换—消费—生产"这一过程在社会各部门间循环流动的，这两类循环是相互作用、相互转换、有机结合在一起的，这种作用、转换和结合是人类通过一定技术手段来完成的，其途径表现为生产和再生产过程。可见，物质循环是与生产、再生产过程结合在一起的，其实质是环境—经济系统的发展过程。因此，畅通、良性的物质循环是确保环境与经济协调发展的关键。能量流动也分自然能流和经济能流两类。自然能流是基础，经济能流是由自然能流转化而来的。能量流动有两个特点：一是流动单向（非循环）性，二是能量的递减性，即伴随物质循环，能量的传递和转移是逐级减少的，但能量流动遵从热力学定律，能量不会消失，也不会凭空产生，只是由一种形式转化成另一种形式，一些被丢弃的能量进入环境中会导致环境问题。价值增值是在经济子系统实现的，人类通过劳动，把自然能流转变为经济能流，在此过程中，实现了价值的转移和增值。信息传递是指以物质和能量为载体，在物质循环和能量流动中实现信息的获取、存储、加工和转化的过程，信息传递不仅是环境—经济系统的重要特征，而且是管理环境—经济系统的关键，信息流可以说是环境—经济系统的"神经系统"，如果没有它，或者信息量过小或流动中断，环境—经济系统就会失去控制，导致环境与经济发展失衡，出现混乱。

（三）生态经济系统基本矛盾理论

生态经济系统是生态经济学的一个基本范畴。生态经济系统是指由生态系统和经济系统通过技术中介以及人类劳动过程所构成的物质循环、能量转化、价值增值和信息传递的结构单元。在概念上，生态经济系统与环境经济学中的环境经济系统大体相似，只是生态经济系统在空间尺度、规模和内容上不及环境经济系统而已。

生态经济学认为，在生态系统内部存在着一个物质、能量积累更新的负反馈顶级稳定机制。生态系统物质能量的积累的净增量大于零，越接近顶级稳定状态，生态系统物质能量的积累率越慢，当达到顶级稳定状态后，生态系统积累的净增量为零；在经济系统内部，由于人口总是增加的，经济发展水平总是提高的，人类的需求总是无止境的，因此存在一个经济无限发展的正反馈机制。当经济发展过程中对资源的开发利用局限在生态系统顶极稳态阈限内时，生态系统与经济系统相安无事，但随着人口的增长、生活水平的提高，人们对物质、能量的需求经常超过生态系统物能自我更新的能力。这样，在生态供给与经济需求之间就产生了结构性、功能性、数量上和质量上的不适应状态，生态经济系统基本矛盾就表现出来了。理解生态经济系统基本矛盾对促进环境与经济协调发展至关重要，应当认识到发展经济不能超过生态环境的承载能力，相反，经济发展速度越快、规模越大，就越应该加大环境保护的投入力度，通过调节经济系统，使其正反馈机制主动适应生态系统的负反馈机制。

（四）环境库兹涅茨曲线理论

库兹涅茨曲线表示收入差距与人均收入水平之间的倒"U"形关系，其源于 20 世纪 50 年代库兹涅茨提出的一个假说，即在经济发展过程中，收入差距先扩大再缩小。随后，基于库兹涅茨曲线，环境库兹涅茨曲线被环境经济学家提出，即认为在经济发展过程中，环境也同样存在先恶化后改善的情况。环境库兹涅茨曲线如图 1.11 所示，纵轴表示环境问题（如人均环境污染指标和生态破坏指标），横轴表示人均收入水平。环境库兹涅茨曲线的基本含义是：在各国经济起飞之前的低水平阶段，主要是耕作农业，污染水平低，环境质量好；随着经济的起飞，工业化导致资源开发利用量大增，工业"三废"和生活废弃物大增，并超过了生态环境的自净能力，环境问题日益加剧；当经济发展到更高阶段，经济结构改变，污染产业被淘汰或被转移，人们的环境意识增强，环境保护的社会压力增大，环境保护投入增加，环境状况开始逐渐改善。

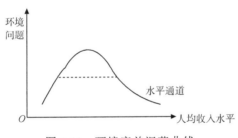

图 1.11　环境库兹涅茨曲线

二、中国环境与经济发展的关系演进过程

（一）原始协调阶段：1949～1977 年

新中国成立初期，在我国经济基础相对薄弱、基本温饱问题尚未解决的背景下，发展经济是国家首要任务，环境问题尚未凸显，此时，经济与环境之间的关系处于"环境保护无意识"的原始协调阶段。经济发展方面，我国经济总量水平较低，经济增长速度较缓慢；产业结构方面，我国 GDP 的增长主要依赖于以农业为主的第一产业，而以工业为主的第二产业和以服务业为主的第三产业产出占比较低，数据显示，1952 年，我国第一产业、第二产业、第三产业增加值占 GDP 的比例分别为 50.5%、20.8% 和 28.7%。环境方面表

现为毁林开荒、围湖造田、破坏草原等，为日益尖锐的生态环境问题埋下隐患（潘家华，2019）。

1973 年 8 月，第一次全国环境保护会议在北京召开，揭开了我国环境保护事业的序幕。此次会议确定了"全面规划，合理布局，综合利用，化害为利，依靠群众，大家动手，保护环境，造福人民"的环境保护工作方针，还审议通过了《关于保护和改善环境的若干规定（试行草案）》。这一试行规定是我国第一个全国性的环境保护文件（即国发〔1973〕158 号文件），同年由国务院批转全国。在这一文件中，国务院要求"各地区、各部门要设立精干的环境保护机构，给他们以监督、检查的职权"[①]。这一文件强调了生态环境保护的重要性。然而，当时有相当部分学者和政界人士认为，环保工作与发展经济是矛盾的，在中国，首要问题是发展经济，而不是考虑环保问题；发展经济，牺牲资源环境是在所难免的，应首先提高经济实力，回头再解决环境问题；甚至认为"先污染后治理"是一个经济发展规律。此时期，普遍认为经济发展与环境保护是难以协调的。

（二）初步协调阶段：1978～2001 年

改革开放后，随着工业化进程的加速，经济高速发展的同时环境问题也日益严重。20 世纪 80 年代初，环境与经济协调发展的观点在决策层取得共识，同时逐步为经济管理者和环保工作者所接受。此时，环境与经济协调发展的基本观点可概括为：环境与经济必须协调发展，既不能走"先污染后治理"的老路，也不能做纯粹的环保主义者（刘天齐，1999），中国环境与经济发展的关系开始走向"达成共识"的初步协调阶段。

经济发展方面，经济总量实现跨越式增长。据国家统计局数据，我国 GDP 由 1978 年的 3678.7 亿元增长至 2001 年的 110 863.1 亿元，相当于 1978 年水平的约 30 倍，GDP 年均增长率达到 15.96%，其中第一产业增加值年均增长率 12.57%，第二、三产业增加值年均增长率分别为 15.64%和 18.59%。产业结构方面，三次产业增加值在宏观经济总量中的比例关系，由 1978 年的 27.7∶47.7∶24.6 变为 1989 年的 24.6∶42.5∶32.9，再变为 2001 年的 14.0∶

---

① 《周恩来为新中国环保事业奠基【6】》，http://zhouenlai.people.com.cn/n1/2018/0716/c409117-30150499-6.html[2024-08-01]。

44.8：41.2。可以发现，第一产业增加值在 GDP 中的占比不断下降，第二产业增加值的占比基本保持稳定，而第三产业增加值的占比持续提高，且速度非常快。经济高速度增长、工业化进程加速度进行的同时，环境污染、生态破坏等问题也越来越严峻，生态环境保护压力骤增。数据显示，1993～2000年，我国环保产业从业单位数量由 8651 家增加到 18 144 家，从业人数由 188.2万人增加到 317.6 万人。为解决环境污染问题，我国在 1979 年颁布《中华人民共和国环境保护法（试行）》，并陆续颁布水污染防治，大气污染防治，海洋环境保护，森林、草原、水、野生动物保护等生态环境保护方面的法律，初步形成了我国生态环境保护的法律框架。

（三）深入协调阶段：2002～2011 年

2001 年底我国加入 WTO，国际贸易条件显著改善，GDP 飞速增长。随着经济的快速扩张，环境保护被高度重视，政府相继出台生态环境保护政策及法规，环境保护工作取得突破性进展，我国环境与经济逐渐迈入深入协调阶段。

经济发展方面，据国家统计局数据，我国 GDP 由 2002 年的 121 717.4亿元上涨至 2012 年的 519 470.0 亿元，人均 GDP 由 2002 年的 9506 元上涨至 2012 年的 39 771 元，分别增长 3.3 倍和 3.2 倍。高能耗行业的发展是这一高速增长的重要原因之一。据《国家环境保护“十五”计划指标完成情况分析》，自 2002 年末至“十五”时期结束，高能耗、高物耗的火电、钢铁、建材、有色等行业出现过热发展的态势，年平均增长率都在 15% 以上；“十五”期间，我国能源需求弹性系数达到 1.6，是规划预测的 4 倍；相比于 2000 年，2005年我国的能源消费量和煤炭消费量都出现了大幅增长。

经济的快速扩张导致环境保护面临巨大的挑战，一方面，工业化、城市化进程加速，生态环境面临的压力逐渐增大，空气污染、工业污染、极端天气等环境问题频发；另一方面，能源消耗量大，能源消费的超常规增长导致环境污染治理效果不明显。为此，我国生态环境保护体系产生重大变革，于2008 年将国家环境保护总局升格为环境保护部，从制度上对环境保护进行约束。这一时期，我国生态环境保护管理体制不断完善，生态环境保护融入经济社会发展大局，从重经济增长轻生态环境保护转变为保护生态环境与经济增长并重，从生态环境保护滞后于经济发展转变为生态环境保护和经济发展同步，环境与经济逐渐迈入深入协调阶段。

（四）生态文明建设阶段：2012年至今

党的十八大以来，以习近平同志为核心的党中央把生态文明建设作为关系中华民族永续发展的根本大计，大力推动生态文明理论创新、实践创新、制度创新，形成了习近平生态文明思想，为全面推进生态文明建设、加强生态环境保护提供了方向指引和根本遵循。我国生态环境保护认识程度之深前所未有、污染治理力度之大前所未有、制度出台频率之高前所未有、监管执法尺度之严前所未有、环境改善速度之快前所未有，生态文明建设和生态环境保护从认识到实践发生了历史性、转折性、全局性变化。

目前，我国生态环境保护已取得了突破性成就。其一，我国环境保护投入实现跨越式增长。生态环境部的统计数据显示，2022年，中国在环境污染治理方面的总投资达到了9013.5亿元，相较2000年增长了7.50倍。其二，全国的空气质量呈现出稳中向好的趋势。据《2022中国生态环境状况公报》，2022年全国339个地级及以上城市中，213个城市环境空气质量达标；并且自2012年以后，我国空气污染物排放量持续显著下降。其三，林业生态建设效果显著。2021年10月，我国发布《中国的生物多样性保护》白皮书，指出2000～2017年全球新增的绿化面积约有25%来自我国，贡献比例居世界首位。其四，自然生态保护不断加强。国家统计局数据显示，2017年我国的自然保护区总数为2750个，相较于2000年增长了1523个；2021年，国家级自然保护区的总面积达到9821.28万公顷，相较于2004年增长10.7%。其五，水污染防治稳步推进。2021年全国水质优良水体比例达到84.9%，接近发达国家水平。其六，能源消费结构优化调整深入推进。据国家统计局数据，2012年煤炭在我国能源消费中的占比为68.5%，天然气、一次电力和其他能源占比为14.5%。到2022年，煤炭占比下降到56.2%，天然气、一次电力和其他能源的占比则提高到25.9%。我国能源结构转型取得重大进展。

三、中国环境与经济协调发展的特点

环境与经济协调发展，是指环境系统、经济系统及各系统内部各要素间相互配合与协作而耦合成的良性循环态势，其实现标志是经济持续适度发展的同时，各环境功能区能保持相应的环境质量标准，生态环境能得到保护或不断改善。环境与经济协调发展是以环境资源承载力阈限值为限的发展，是环境与经济相互促进的共同发展，其特点是阶段性、协调性、层次性、相对稳定性和绝对动态性。

协调发展具有阶段性。环境与经济之间的关系受到社会生产力发展水平等诸多因素的影响。就我国而言，环境与经济发展的关系经历了原始协调阶段、初步协调阶段、深入协调阶段和生态文明建设阶段等四个阶段的演进。

协调发展具有协调性。这种协调性体现为经济发展的协调、经济发展与环境的协调。

协调发展水平具有层次性。在原始农牧业阶段，人类经济的发展还不足以造成过多的环境问题，从总体上看，环境与经济发展是协调的，但显然属于低水平的协调发展。如今，少数欧美发达国家或区域在吸取过去教训的基础上，在经济发展中不断治理环境，加大环保力度，已基本实现环境与经济的高度协调发展，这种协调发展水平显然高于前者。目前可持续发展已深得人心，人们现在追求的协调发展水平显然更高。

协调发展具有相对稳定性和绝对动态性。从横截面上看，环境与经济协调发展是环境与经济共同发展达到协调状态，它是一种态势，具有相对稳定性。但从纵向来看，处于协调状态的环境经济系统中的经济子系统受人类需求水平不断升级的推动，会不断向更高水平演化，环境资源子系统可能受到经济子系统的促进而不断增强其承载能力，生态环境可能进一步改善，这样不断推动协调发展向更高水平演替，从而表现出绝对动态性。从这个意义上看，与其说协调发展是一种态势，还不如说其是一个不断向更高水平演替的过程。据此，也可以说环境与经济协调发展具有可持续性。

第二章 中国能源消费与环境规制的演化路径及主要特点

第一节 中国能源消费的演化路径

能源消费是国家生产力发展与经济增长的重要基础。中国能源消费的演化过程与国家经济增长过程存在着千丝万缕的联系。本节将中国能源消费的演化过程分为中国能源消费总量演化路径与中国能源消费结构的演化路径两部分,梳理中国能源消费总量和能源消费结构随着国家经济增长阶段和产业结构变化而演化的过程。

一、中国能源消费总量演化路径

根据我国经济发展的阶段,本书将我国能源消费的演化路径划分为三个阶段:改革开放前(1949～1978 年)、改革开放至加入 WTO 前(1979～2001 年)、加入 WTO 后(2002 年至今)。

第一阶段,新中国成立初期,为解放和发展生产力,国家开始进行社会主义工业化建设,1953 年开始实施"一五"计划,优先发展重工业。据国家统计局数据,1957 年中国能源消费总量为 9644 万吨标准煤。这一阶段,尽管能源利用率低,但由于生产力水平低下,能源短缺的问题没有突出显露。

第二阶段,改革开放初期,经过短时间内粗放式发展,中国生产力有较大的提升,而能源短缺的问题逐步凸显。1978 年能源消费总量仅为 57 144 万吨标准煤,2000 年全国能源消费总量为 130 297 万吨标准煤,约为 1978 年水平的 2.3 倍。能源供不应求的情况在一定程度上约束了经济发展。为了节约能源、提高能源利用效率,我国于 1980 年发布《关于加强节约能源工作的报告》等政策报告,着手进行能源管理,制定节能计划。

　　第三阶段，进入 21 世纪后，我国加入 WTO，对外开放进入新阶段，大量外商投资与出口贸易推动我国经济实现快速增长，与此同时，我国能源消费增长也进入了新的阶段。如图 2.1 所示，从 2002 年至 2015 年，中国能源消费总量变化率经历了两次波动：第一次波动从 2002 年至 2008 年，能源消费总量变化率在 2003 年达到峰值，在 2008 年国际金融危机爆发时降至最低点；第二次波动从 2008 年至 2015 年，能源消费总量变化率在 2011 年达到峰值，在 2015 年达到最低点，此后持续保持低位水平。总体来看，能源消费总量变化率的波动与经济增长情况基本保持一致。2004 年我国印发了《节能中长期专项规划》，节约能源的发展方向开始从提升能源利用效率向控制碳排放持续降低转变，随后能源消费总量变化率就开始缓慢降低。2008 年国际金融危机通过国际贸易传导至国内，且逐步从出口依赖型的纺织、电子产业向装备制造业扩散，随后蔓延到化工业（吴利学和王蕾中，2019）。制造业、化工业在能源消费中所占的比例非常高，因此经济危机的冲击直接导致能源消费产生剧烈波动，能源消费总量变化率降至低点。2012 年经历了能源消费快速增长，2013 年以来能源消费总量变化率保持在较低水平上下波动，能源消费总量保持稳定增长。

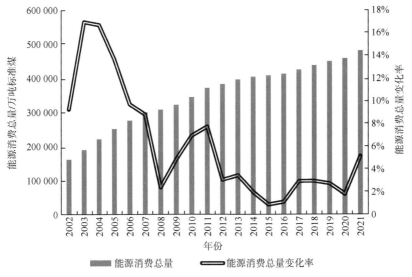

图 2.1　中国能源消费总量及能源消费总量变化率趋势

资料来源：各年《中国统计年鉴》

二、中国能源消费结构演化路径

与前文一致，我国能源消费结构的演化路径也可划分为三个阶段。

第一阶段，从我国开启经济建设以来，能源消费始终以煤炭为主，这是由我国丰富的煤矿资源所决定的。社会主义工业化建设初期至改革开放前，煤炭消费占比快速降低，石油消费取代煤炭消费，其占比逐渐上升。天然气消费占比最低，1957 年至 1978 年间从 0.1%逐步上升到 3.2%。水电在能源结构中的占比高于天然气，一直保持在 3%左右。

第二阶段，从 1978 年改革开放至 2001 年加入 WTO。改革开放拉动中国经济实现腾飞，与之相应地，能源消费需求快速增长。快速增长的能源消费需求主要由煤炭满足，煤炭消费占比呈上升趋势。为应对能源短缺和环境污染的情况，我国开始调整能源消费结构，提升能源利用效率。煤炭消费占比自 1988 年开始逐步降低，石油消费占比则在 1978 年后就开始降低，至 1990 年降至 16.6%的低点，后缓慢上升，至 2001 年达到 21.2%。天然气消费占比在此期间一直保持在 2%左右，而一次电力及其他能源占比总体呈上升趋势，由 1978 年的 3.4%增加到 2001 年的 8.4%。

第三阶段，我国加入 WTO 后，出口贸易发展初期拉动加工制造业快速发展，其中不乏众多高耗能产业（王长建等，2020）。在这一阶段，煤炭消费占比又经历了一次波动（图 2.2）。从 2002 年至 2007 年，煤炭消费占比由 68.5%上升到 72.5%。在 2007 年之后，中国经济增长质量不断提高，产业结构不断调整。首先，国家节能减排政策推动黑色金属、化工等传统高能耗产业转型升级；其次，国家实施创新驱动发展战略，技术创新成为经济发展的主要动力之一，中国产业逐渐向技术密集型和知识密集型产业转型升级，第二产业占国民经济比例不断下降，第三产业占比逐渐增加，煤炭消费占比呈降低趋势。石油消费占比从 2002 年的 21.0%缓慢下降至 2012 年的 17.0%，之后持续小幅上升，2022 年为 17.9%。在此期间，天然气消费占比持续上升，从 2002 年的 2.3%上升至 2022 年的 8.4%。一次电力及其他能源占比也以较快速度持续上升，从 2002 年的 8.2%上升到 2022 年的 17.5%。

整体来看，天然气、一次电力及其他能源逐渐替代石油成为替代煤炭消费的主要能源品种。在中国经济发展初期，天然气和一次电力及其他能源消费占比较低,石油消费占比上升的部分主要取代煤炭消费占比下降的部分,并且石油消费占比逐渐趋于稳定。中国天然气消费量始终处于较低水平,近年来其占能源消费总量的比例持续上升,但增长速度仍慢于一次电力及其他能源消费的增长速度。在 2011 年以后,一次电力及其他能源占比迅速提高,逐渐接近石油所占比例,对煤炭形成了良好的替代。

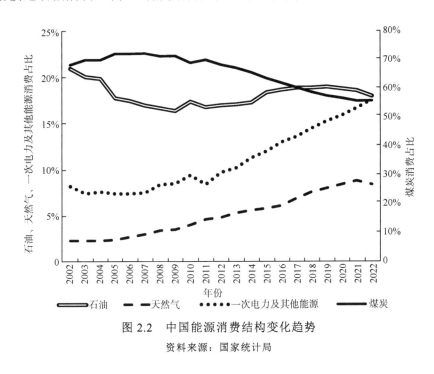

图 2.2 中国能源消费结构变化趋势

资料来源:国家统计局

第二节 中国能源消费演化的主要特点

前文总结新中国成立以来我国能源消费的演化过程,本节从能源消费总量变化率、能源消费结构、产业能源消费结构、居民生活能源消费占比、能源消费利用效率以及能源消费区域差异六个方面总结中国能源消费的主要特点。

第一,能源消费总量变化率总体处于较低水平。在中国经济高速发展时期,能源需求持续增加,中国能源消费呈现出快速增长的发展趋势。而在《中华人民共和国国民经济和社会发展第十二个五年规划纲要》提出加强资源节约和管理、加大环境保护力度后,政府采取了一系列节能环保措施,能源消费高速增长的势头得到遏制。图 2.3 报告了 2010～2021 年中国能源消费总量变化率。可以发现,2013 年至 2020 年中国能源消费增长速度保持在 4%以下,处于较低水平,2015 年其增速达到最低水平,为 0.91%。2016 年以来,中国能源消费量一直保持低速增长,而在 2020 年新冠疫情的影响下,中国工业经济受到冲击,中国能源消费也受到一定影响,2020 年能源消费总量变化率较2019 年下降了 1.14 个百分点。在严格防控新冠疫情的同时,我国继续推进经济高质量发展,"十四五"规划推动资源总量管理,坚持绿色发展,促进资源的全面节约,这些举措均有助于积极稳妥推进"双碳"目标。根据《中华人民共和国 2021 年国民经济和社会发展统计公报》,2021 年中国能源消费总量达到 52.4 亿吨标准煤,较上一年增长 5.2%,是 2013 年以来能源消费总量变化率的最高水平。总体来看,近年来中国能源消费总量正处于缓慢增长的阶段。一方面,中国能源利用效率正不断提升,有效遏制了中国能源消费总量的大幅增加;另一方面,政府节能优先的政策方针促进了高耗能项目的减少,从而使得中国能源消费总量变化率处于较低水平。

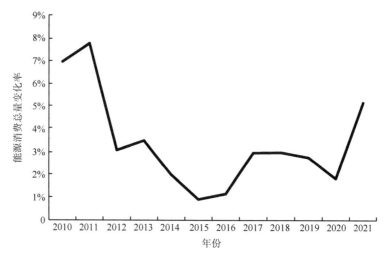

图 2.3　2010～2021 年中国能源消费总量变化率

资料来源:国家统计局

第二,从能源消费结构来看,化石能源消费比例不断下降,清洁能源消费占比则处于上升趋势。图 2.4 报告了 2017～2021 年我国清洁能源消费量占能源消费总量的比例。根据国家能源局数据,天然气、水电、核电、风电、太阳能发电等清洁能源消费量占比从 2017 年至 2021 年逐步增加，2021 年中国清洁能源消费量占能源消费总量的 25.5%，比 2020 年上升了 1.2 个百分点，达到中国能源消费总量的四分之一，在能源消费结构中逐步占据了较大比例。中国经济由高速增长阶段转向高质量发展阶段，中国产业结构逐步升级促进能源消费结构不断改善，同时，政府稳步推行节能减排政策，加速提高清洁能源消费占比、降低化石能源消费占比。表 2.1 报告了 2015～2020 年中国能源消费结构的变化。数据显示，从 2015 年到 2020 年，煤炭消费量占能源消费总量的比例从 63.8%连续下降到 56.8%，石油消费占比稳定在 18.6%这一数值上下，天然气消费占比不断上升。煤炭等化石能源消费占比不断降低，其引起的碳排放问题和环境污染问题得到一定程度的减轻，有利于促进绿色经济发展、推动经济高质量发展和生态环境高水平保护协同并进。

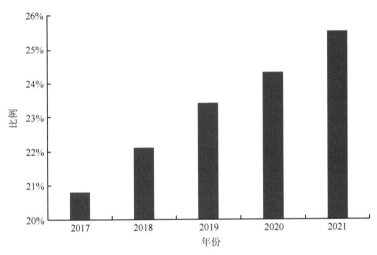

图 2.4 2017～2021 年我国清洁能源消费量占能源消费总量的比例

资料来源：国家能源局

表 2.1 2015～2020 年中国能源消费结构的变化

年份	能源消费总量 /万吨标准煤	占能源消费总量的比例			
		煤炭	石油	天然气	一次电力及其他能源
2015	434 113	63.8%	18.4%	5.8%	12.0%
2016	441 492	62.2%	18.7%	6.1%	13.0%
2017	455 827	60.6%	18.9%	6.9%	13.6%
2018	471 925	59.0%	18.9%	7.6%	14.5%

续表

年份	能源消费总量 /万吨标准煤	占能源消费总量的比例			
		煤炭	石油	天然气	一次电力及其他能源
2019	487 488	57.7%	19.0%	8.0%	15.3%
2020	498 000	56.8%	18.9%	8.4%	15.9%

资料来源：《中国统计年鉴 2021》

第三，从产业能源消费结构来看，第二产业能源消费占据主要部分，第三产业能源消费占比总体上不断增加。2015 年第三产业增加值在国内经济总值中的占比达到 50.5%，占据国民经济的主要地位，这表明中国产业结构不断升级。随着产业结构的变化，中国第二产业能源消费仍占据主导地位。表 2.2 报告了 2015～2020 年中国分产业能源消费结构。可见，2020 年第二产业能源消费占能源消费总量的 68.62%，而第三产业能源消费仅占比 16.60%。可见，第二产业作为能源消耗的主要产业，在节能减排上具有更大的改善空间，能够通过基础设备更新换代和技术创新提升能源利用效率、减少碳排放和污染物排放。第二产业作为节能减排的主力军，在保护生态环境上仍须做出更大的努力。另外，第三产业迅猛发展，但其能源消费占比基本保持稳定，从 2015 年的 16.56%上升至 2019 年的 17.46%，又在 2020 年回落到 16.60%。相比于第二产业，第三产业以更小的能源消耗创造了更高的产出，说明产业结构调整是我国降低能源消费、促进经济高质量发展的重要途径。

表 2.2　2015～2020 年中国分产业能源消费结构

年份	第一产业能源 消费占比	第二产业能源 消费占比	第三产业能源 消费占比	居民生活能源 消费占比
2015	1.91%	69.91%	16.56%	11.62%
2016	1.94%	68.74%	17.01%	12.31%
2017	1.96%	68.13%	17.30%	12.61%
2018	1.86%	67.77%	17.56%	12.81%
2019	1.85%	68.03%	17.46%	12.66%
2020	1.86%	68.62%	16.60%	12.92%

资料来源：国家统计局

第四，居民生活能源消费占比呈上升趋势。居民生活消费分为居民生活直接产生的能源消费，如家电家居、供暖出行等产生的能源消费，以及居民生活使用产生的间接能源消费，包括食品衣物、生活用品以及服务消费等（刘战豫等，2022）。近年来，居民直接能源消费不断增加。图2.5报告了2012～2021年居民生活能源消费量的变化。可以发现，在2012～2021年，我国居民生活能源消费量持续提高。其中，煤炭消费量持续下降，液化石油气的消费量先上升后下降，于2017年达到峰值，天然气和电力的消费量则保持上升。值得注意的是，电力消费量的变化基本上与居民生活能源消费总量的变化保持同步，说明电力有效地取代了煤炭，成为居民生活中重要的能源，其动因可能在于技术创新和智能家居的推广使用。居民间接能源消费可以根据居民消费支出进行判断。据国家统计局数据，2019年人均食品烟酒支出达到6084元，人均居住支出达到5055元，居民间接能源消费支出进一步提升。居民生活能源消费占比逐渐提高，一方面是由于中国人口数量持续增长，另一方面，则主要在于人民物质生活水平的提升。物质生活水平提升不仅改善了直接能源消费结构，有利于节能减排，还促进了居民间接能源消费的增加，带动提高居民消费水平，有利于国内经济循环发展。

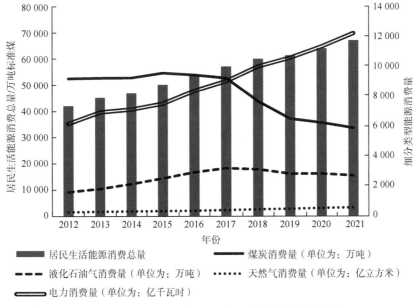

图2.5　2012～2021年居民生活能源消费量的变化

资料来源：国家统计局

第五，能源消费利用效率提升。图2.6报告了2012～2021年中国能源消费强度及能源加工转换效率。此处，能源消费强度由能源消费总量与不变价GDP之比衡量，是一定产值下的能源消费情况，能够体现能源的利用效率（韩秀艳等，2018；张弛，2019）；能源加工转换效率是指一定时期内能源经过加工转换后产出的能源产品数量与投入的能源原料数量之比，体现能源加工的利用效率。从能源消费强度来看，在2012~2021年，我国能源消费强度逐年下降，这说明能源利用效率逐年提高。从能源加工转换效率来看，2012~2021年中国能源加工转换效率处于波动状态，在2012~2016年和2018~2020年有所上升，而在2016~2018年及2021年出现下降，这说明中国能源加工转换效率没有较大提升，能源加工转换的损耗随着能源消费总量的逐年提升而增加，不利于经济的可持续发展。能源加工转换效率的变化波动说明中国在能源加工转换方面还有很大提升空间。提高转换效率，有利于节约能源、减少碳排放和环境污染，这要求国家和企业一方面持续进行提高能源转换效率技术创新和应用，另一方面逐步扩大清洁能源的使用，不断寻找降低清洁能源使用成本的技术手段。

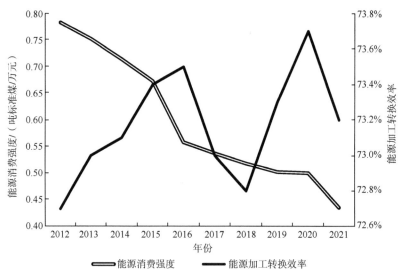

图2.6　2012~2021年中国能源消费强度及能源加工转换效率

资料来源：国家统计局

　　第六，中国能源消费总体上存在区域差异，东部地区能源消费占比最大。当前中国能源消费主要来源于第二、三产业，东部地区经济发达，第二、三产业集聚较多，使得其能源消费需求更大。研究表明，2016 年东部地区能源消费占比为 42%（展秀萍，2019），在三次产业中占比例最大。东部地区经济发达决定了其能源转换技术高于其他地区，进一步导致其能源利用效率和能源消费强度与其他地区存在差异化（汪克亮等，2011；吕玉兰，2019）。中国能源消费总量和能源消费强度总体上的区域差异在一定程度上表明经济增长与能源消费之间的相互关系（张艳东，2015）。经济增长与能源消费之间存在互相影响、错综复杂的影响机制和渠道。中国能源消费的区域差异说明经济增长与能源消费之间存在相对的相互关系，人口数量、产业集聚类型、城镇化水平等对能源消费也存在一定影响（Liu，2009；Michieka and Fletcher，2012；郭文和孙涛，2015；Fan et al.，2017）。

第三节　中国环境规制的演化路径

根据中国环境规制政策的发展历程，本书将中国环境规制政策演化分为四个阶段：初步探索阶段（1949～1977 年）、确立落实阶段（1978～2001 年）、完善发展阶段（2002～2011 年）、多元化提升阶段（2012 年至今），梳理不同中国经济发展阶段中中国环境规制政策的演化路径。

一、中国环境规制政策初步探索阶段：1949～1977 年

新中国成立初期，社会主义建设事业刚刚起步，解放和发展生产力是当时的主要任务。在这一阶段，生产力发展不充分且资源利用率低下，为了快速提高生产力，将工业发展放在首位，政府基于环境保护的意识也出台了与工业发展相适应的环保措施。第一，关注环境卫生和污染防治。1956 年卫生部联合国家建设委员会发布《工业企业设计暂行卫生标准》，并多次开展"爱国卫生运动"，防止出现城乡卫生问题。与此同时，"一五"计划时期，国家针对重大项目严格采取了污染防治措施。第二，强调节约资源和改善自然生态。20 世纪 70 年代政府提出"三废"处理和回收利用，全国上下实行工业资源综合利用和"三废"处理的群众运动。同时，政府提出植树造林、节约资源等政策，并出台《中华人民共和国水土保持暂行纲要》（1957 年）、《森林保护条例》（1963 年）等法律以维护生态环境。1973 年，国务院召开第一

次全国环境保护会议，确定环保工作的 32 字工作方针，成为国家开展环境保护工作的初步探索（张小筠和刘戒骄，2019）。中国代表对其他国家进行考察，多次参加国际环境会议，向国外学习环境保护经验。此外，政府组织了植树造林的群众运动，为保护生态环境、防止水土流失而建立了自然保护区。在初步探索阶段，政府在节约资源和环境保护方面做出了初步的尝试，但是实行环保政策时内容相对零散，没有系统、规范地对环境规制政策做出规划。

二、中国环境规制政策确立落实阶段：1978～2001 年

改革开放后，政府鼓励多种所有制共同发展，建立健全国家产业体系，提高非公有制经济的积极性。国际环境的变化有利于促进解放和发展生产力，和平与发展成为时代的主题，政府积极实行对外开放政策，大量吸引外资，协调农业、轻工业、重工业均衡发展。吸引外资和民营企业进入能够提高经济发展的活力，但是法律法规的不完善导致了企业环保意识缺乏，环境破坏问题明显加重。

在这一时期，政府加强社会主义法治建设，正式确立环境规制的法律法规，出台一系列环保法律法规，加强生态环境保护建设。

第一，初步形成环境规制法律体系。1978 年正式将环境保护写入宪法，随后制定一系列环保法律法规，包括《中华人民共和国海洋环境保护法》（1982 年）、《中华人民共和国环境保护法》（1989 年）、《中华人民共和国固体废物污染环境防治法》（1995 年）等，并正式确立环境保护为基本国策（1983 年）。一系列法律法规和部门规章的实施意味着中国环境规制法律体系初步形成。

第二，政府正式管理环境规制。1982 年城乡建设环境保护部设立环境保护局管理污染防治工作。1988 年环境保护局独立出来，直属国务院管理。环境保护部的独立显著增强了环保管理水平，有利于推动环境保护工作展开。随后，国家陆续通过环境保护目标责任制（1990 年）、环境影响评价制度（1998 年），随后，各等级政府机构和行业主管单位纷纷设立了环保管理部门，环境规制部门体系基本形成（余泳泽和尹立平，2022）。

第三，关注区域环境治理。1998 年《国务院关于酸雨控制区和二氧化硫

污染控制区有关问题的批复》划定"两控区"并分别设定短期和长期的环境控制目标，以解决中国大部分城市 SO_2 排放量超标的现象。在确立落实阶段，中国环境规制法律、环境规制制度正式确立，填补了环境保护工作在法律和行政规章上的缺失，环境规制部门体系基本形成，有利于政府统筹管理和监督。这一时期政府主要依靠出台法律法规树立环境保护的观念，经济建设是中心任务，环境规制政策对企业破坏环境的行为没有足够的约束力。

三、中国环境规制政策完善发展阶段：2002～2011 年

自改革开放以来，我国国民经济总量高速增长，工业化、城市化水平显著提高，经济建设取得了重大成就。与此同时，我国更加注重发展方式的转型。2002 年，党的十六大报告将"可持续发展能力不断增强"确定为全面建设小康社会的目标之一。在这一阶段，我国环境规制政策不断发展完善。

这一时期，环境治理成为国家关注的重点，政府绩效考核成为环境规制政策有效落实的重要手段。第一，将环境目标纳入政府绩效考核。2006 年国家环境保护总局明确干部任期环境考核的实施。2011 年增加了环保考核问责制和"一票否决"制，体现了国家对节能减排绩效的重视程度以及促进生态文明建设的重要性和必要性。除此之外，国家还设立了节能减排五年规划目标考核，地方干部若不能完成五年规划内设立的节能减排目标的分配，或将受到处罚或被撤职。另外，国家初步尝试设立环保法庭，设置单独的环境资源审判机构，设立环保专家咨询委员会，提升环境类案件的处理效率和便捷性。贵阳清镇成为最早尝试环保法庭的地区。第二，环境保护的战略地位不断上升。首先，国家进一步完善环保法律法规体系，2002 年通过了《中华人民共和国清洁生产促进法》《中华人民共和国环境影响评价法》等一系列法律法规和管理条例。其中，《中华人民共和国环境影响评价法》强调先预防、后治理，这说明中国环保法律法规的立法方向有所改变。其次，政府被要求承担起更大的生态环境保护责任。2002 年召开的第五次全国环境保护会议提出环境保护是政府的一项重要职能。2011 年召开的第七次全国环境保护大会提出"坚持在发展中保护、在保护中发展"的方针，推动经济发展与环境保护统筹兼顾，加强环境规制政策的权威性。这一时期实现了环境规制政策由法律手段向政府行政指令式与市场化手段相结合的转变，环境规制政策的实施

力度进一步加强，环境规制体系得到实质性的提升。

四、中国环境规制政策多元化提升阶段：2012年至今

雾霾天气、海水赤潮等污染现象频繁发生说明国家环境污染的形势已经十分严峻，保护生态环境刻不容缓。党的十八大以来，政府绿色治理进入经济高质量发展的新阶段，中国环境规制体系将进一步全面提升。

第一，环境规制法律法规体系的领域范围得到进一步拓宽。2014年国家进一步修订《中华人民共和国环境保护法》并于2015年起实施。随后，国家出台了一系列有关环境保护的政策法规明确建立生态文明建设体系。碳排放权交易试点以及碳排放权交易市场陆续开放，生态补偿等环境规制政策也逐步实行。2018年，生态文明正式列入宪法，再次说明生态文明建设受到政府的高度重视（高世楫等，2018）。第二，环境规制机构变动。自然资源部与生态环境部取代了国土资源部、环境保护部、国家海洋局、国家林业局等部门，减少政府机关的冗官冗余，促进人力资本的配置优化。在这个时期，环境规制政策体系得到全方位的提升，政策手段灵活，以政府行政指令式与市场化手段相结合，促进环境规制机构体系不断完善。继续打造环境治理的多维度体系，促进碳排放交易市场成功建立、稳定运行。更全面的环境规制政策体系无疑有利于积极稳妥推进碳达峰碳中和。同时，建立健全环境治理监察体系，不断完善环境治理监管方式，进一步强化各部门的主体意识和责任意识，严格落实政府监管责任。

第四节 中国环境规制演化的主要特点

结合中国环境规制政策的演化过程，本节从环境规制理念、环境规制政策执行力度和环境规制方式三个方面阐释中国环境规制政策演化的主要特点。

一、环境规制理念向"生态优先"转变

近年来，中国经济保持可持续发展、科学发展、绿色发展，经济发展理念从粗放式增长到高质量发展不断升级。经济发展理念以及环境治理理念的

不断转变,促进中国环境规制理念从污染防治理念逐步向生态文明理念发展。

从新中国成立到改革开放初期,资源浪费、环境破坏和环境污染问题没有受到重视,生态环境问题没有突出显露出来。解放和发展生产力是当时的主要任务,环境治理工作主要是为了提高经济建设效率,资源节约和环境保护的要求让步于经济发展。当时的环保意识较低,环境规制政策正处于初步探索阶段,没有完整形成环境规制理念(张连辉,2010),中国环境保护与经济增长之间主要以经济为先。

改革开放初期,政府实行的环境规制政策主要以控制污染物排放为主,确立了"谁污染谁治理,谁开发谁保护"的环保基本原则,没有主动关注和治理生态环境破坏问题,中国仍是以经济建设为主,对生态环境问题造成的危害缺乏认识。经济的快速发展导致环境污染问题日益突出,而环境污染逐渐对经济发展造成阻碍(黄茂兴和叶琪,2017),环境保护与经济发展之间的矛盾逐步加深。中国逐渐认识到环境破坏以及资源浪费的危害,直到可持续发展战略的确立,政府理念逐渐转向"污染防治与生态保护并举",保持经济与环境保护协调发展,促进经济可持续发展。

21世纪以来,经济全球化迅速发展,政府环境规制意识不断加强。2002年,环境保护被明确为政府的一项重要职能。2007年生态文明建设的提出进一步升华了环境规制理念(张连辉和赵凌云,2010),生态文明建设的地位与日俱增,环境规制理念与时俱进,强调经济增长与生态建设同等重要、同步发展。国际生态危机使得中国清楚认识到环境污染对经济发展的约束作用,以及生态破坏将对人类可持续发展造成严重危害。中国环境规制进一步加强说明了国家生态环境建设理念的进一步升级完善。

二、环境规制政策执行力度不断增强

政府环境规制理念的不断转变体现在环境规制的投入及其执法力度上。从21世纪开始,中国环境规制强度不断增加。

环境规制政策执行力度的增强,体现在环境保护投入不断增长。改革开放初期,中国环境污染治理投资较低,随着经济飞速发展,2000年中国环境污染治理投资增加到1060.7亿元,占GDP比例达到1.1%(董文福等,2008),中国环境污染治理投资渠道逐渐拓宽。2006年,中国进一步加强环境保护意识，先后将环境保护列入《政府收支分类改革方案》与《2007 年政府收支分类科目》中，不断推进环境治理工作。如图 2.7 所示，在 2012～2021 年，我国环境污染治理投资额呈波浪形变化，在 2012～2014 年、2015～2017 年、2018～2020 年这几个区间内持续上升。根据生态环境部的数据，2020 年全国环境污染治理投资额中，城市环境基础设施建设占据主要部分，占比为64.3%。图 2.8 报告了 2012～2021 年中国工业污染源治理投资额变化情况，中国工业污染源治理投资额大体经历了一个先上升后下降的过程，其原因可能在于我国工业导致的环境污染水平随着环境规制加强而有所下降，工业污染治理负担有所减轻。另外，环境规制执法力度明显加强。图 2.9 报告了2014～2022 年全国环境行政处罚案件数量及罚款数额变化情况，全国行政处罚案件罚款数额有所波动，环境行政处罚案件数量和罚款数额分别在 2017年和 2018 年达到高点。2018 年的罚款数额较 2014 年水平高出约 3.8 倍，由此可见环境规制法律体系进一步完善，《中华人民共和国环境保护法》在修订后推动环境规制强度增强，环境规制行政处罚案件的惩处力度进一步加大。

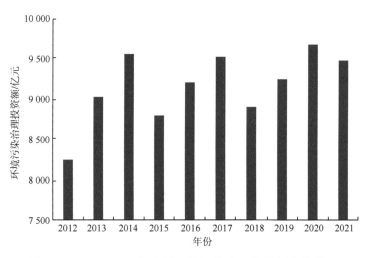

图 2.7　2012～2021 年全国环境污染治理投资额变化情况

资料来源：生态环境部

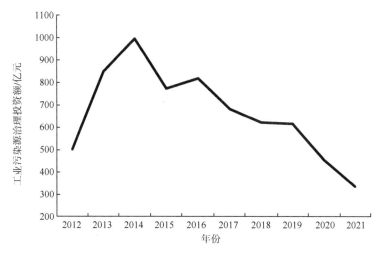

图 2.8　2012～2021 年中国工业污染源治理投资额变化情况

资料来源：国家统计局

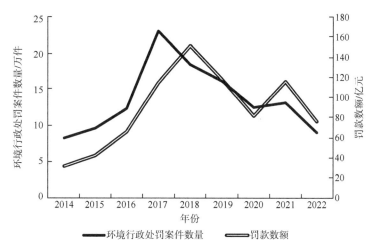

图 2.9　2014～2022 年全国环境行政处罚案件数量及罚款数额变化情况

资料来源：生态环境部

三、环境规制方式多元化

改革开放以来，中国由计划经济体制逐渐发展为中国特色社会主义市场经济体制，环境规制的方式也由政府单一指令式转变为政府行政指令式与市场化方式相结合，综合运用法律、行政、经济手段的多元化方式。从新中国成立到 20 世纪末，环境规制政策以出台法律法规为主，政府运用法律手段和行政手段对环境问题加以约束。21 世纪以来，市场化环境规制方式得以实施，但中国环境规制仍以政府行政指令为主要方式，其中，将环境目标纳入政府绩效考核的方式使环境规制政策的落实效果得到大幅度提升。党的十八大以来，生态文明建设与经济高质量发展统筹协调，环境规制方式向政府行政指令式与市场化方式相结合的多元化方向转变，环境规制政策实施方式越发灵活。

新中国成立到 20 世纪末，环境规制主要以出台一系列法律法规以及配套管理条例的方式对环境问题进行约束，而 21 世纪以来，可交易许可证、环境税费、补贴、押金返还等形式的市场化环境规制政策开始实行，利用市场的灵活性来促进外部效应内部化，降低企业成本。然而，市场化环境规制政策只能充当政府行政指令的补充和辅助，环境规制仍以政府行政指令式措施为主，且中国通过政府绩效考核的方式改善了政府环境规制方式。到 2006年，党政领导班子和领导干部综合评价体系中已经包含了环保指标。2009年中国建立干部考核评级机制，并在考核评价办法中明确将环境目标列入地方干部的考核中，领导干部换届考察及提拔任职也须考查环境保护绩效，2011年新增环保考核问责制和"一票否决"制，更是体现出中国对环境保护目标的考核力度。此外，在环境司法方面，中国对设立环保法庭进行了初步尝试，通过单独设立环境资源审判机构，选择培养专门负责环境类案件的法官及专业团队，提高环境案件裁决的准确性和司法处理效率，在现有法律体系下实现一定程度的司法创新，不断提高环境类案件的司法办事效率。

2012 年，中国生态文明建设进入新的发展时期，生态环境的重要性得到进一步认识和深化，政府多种手段相结合，自上而下对资源节约和环境保护进行系统性、专业性的统筹安排，从多维度调动各主体参与环境治理，并推进环境监察，完善环境治理效果保障。第一，在环境治理工作中进行分类型专项治理。在系统构建生态环境领域保护计划的基础上，政府分别推行大气污染防治、水污染防治以及土壤污染防治等一系列专项治理行动方案，统筹兼顾重点领域专项计划和污染防治攻坚战专项行动方案。第二，建立多维度市场化环境规制政策体系，主要包括推行排污许可证交易、建立全国碳排放权交易市场、建立公众参与平台等方式。综合利用市场化环境规制政策工具，调动政府、企业和公众参与环境治理的积极性，通过市场导向机制控制企业碳排放和污染物排放水平，通过建立各级政府网络信息平台、专题听证、投诉电话等平台使公众环境权益得到保障。第三，进一步保障环境规制政策落实，健全完善环境监察制度。政府推行多种环境监察方式，确立实施河长制、环保督察制度、生态环境损害责任追究以及环保约谈办法，从多个角度对政府和企业相关负责人进行审查和监管，严格落实政府和企业相应责任。

从环境治理顶层设计到环境规制政策推行，再到环境污染防治监管体系保障，中国环境规制方式向多元、系统、灵活方向改进完善，全方位保证环境治理工作的良好运行。

第三章　中国能源消费和环境规制的影响效应

第一节　中国能源消费和环境规制的影响研究

一、中国煤炭消费的影响研究

目前，中国煤炭资源的消费类型主要分为集中用煤消费和散煤消费两大类。集中用煤消费包括发电和采暖、冶金（metallurgy）、建材（building material）及化工（chemical industry）。散煤消费主要是指其他消费，如居家消费。中国每年消费约 38 亿吨煤炭，其中电力工业约占总量的 50%，不仅远低于美国的 93%，而且远低于世界平均水平的 78%。各种煤炭利用方式中，散煤消费效率最低。与集中用煤消费相比，散煤消费的煤种范围广、监控难度大，常采用硫含量较高的劣质煤。燃烧后不采用脱硫、脱硝、除尘等环保措施，大气污染物排放系数普遍远高于集中燃煤设施。在相同条件下，1 吨散煤燃烧中氮氧化物、SO_2 和烟尘的排放量分别是发电厂的 2 倍、5 倍和 66 倍。换言之，散煤的低燃烧效率会导致更多的污染物排放。

许多实证结果表明，煤炭消费与 $PM_{2.5}$ 浓度之间存在着显著的正向关系。Mumford 等（1987）对农村地区的样本进行了分析，认为这些地区的大气污染与大量燃烧烟煤的行为高度相关，这一结论后来得到了许多学者的研究支持。Gieré 等（2006）通过研究发现，煤炭燃烧产生的烟尘中含有大量的 $PM_{2.5}$ 细小颗粒物，这对空气质量和人们的健康均产生了重要影响。王淑娜和孙根年（2010）则通过建立火电行业 SO_2 和煤炭消费之间的一元五次方程关系式，证明了火力发电过程中的煤耗与大气污染之间存在着直接的量化关系。Lei 等（2011）发现煤炭消费是 $PM_{2.5}$ 污染的主要来源。Akhmat 等（2014）选择 35 个工业发达国家（包括欧盟、七国集团和其他相关国家），采用协整分析方法动态观察 1975～2012 年能源（如油、气、煤和化石燃料能源）消耗与 NO 和 SO$_2$ 排放的关系，发现能源消耗与大气污染呈明显的正相关关系。美国国家能源技术实验室（National Energy Technology Laboratory，NETL）指出，燃煤发电是煤炭燃烧残留物（coal combustion residuals，CCRs）的主要来源。王文兴等（2019）指出，煤炭等能源消费量的增加是我国 SO$_2$ 和 NO$_x$ 等大气污染物排放量增长的重要影响因素。冷艳丽和杜思正（2016）利用省级面板数据验证了中国煤炭消费与 PM$_{2.5}$ 之间的定量关系，明确了煤炭燃烧是 PM$_{2.5}$ 污染的主要原因。Cheng 等（2017）通过采用动态空间面板模型，证实了以煤为主的能源结构是中国城市 PM$_{2.5}$ 污染的重要驱动因素之一。Shahzad 和 Yousaf（2017）指出煤炭燃烧会加重酸雨和空气污染，这是造成全球变暖的主要原因。2017 年，Trivedi（2017）以改良的公式研究了印度露天煤矿对周围空气污染产生的负荷，并认为煤炭消费是导致大气污染的主要原因。

但是，上述研究仅分析了烟煤对大气污染的影响。为比较不同品质的散煤对大气污染的影响，Wang 等（2015）通过比较烟煤和无烟煤对不吸烟女性的影响，进一步论证了不同煤质的散煤消费对大气污染的影响。中国政府出台了许多控制煤炭消费的政策，以减轻燃煤对空气污染的影响，从而提高公众健康。例如，2013 年印发的《大气污染防治行动计划》，对京津冀地区、长江三角洲和珠江三角洲地区的节能环保提出了高要求，并力争实现煤炭消费总量的负增长。研究发现，工业用煤的污染物排放量有所下降，但却未能防止北部地区冬季烟雾的频发。例如，Zhang 等（2018）通过编制排放清单，分析了北京市限煤政策对下燃煤锅炉中大气污染物排放的影响，发现标准煤单位污染物排放量有所减少，但雾霾依然存在。因此，中国的治煤措施还有待优化。此外，这些研究还表明，一些重要的污染源可能被忽略。最新的研究表明，散煤的排放是一个被忽视的重要来源。虽然散煤只占煤炭总消耗量的一小部分，但对空气污染的贡献率可高达 50%。此外，支国瑞等（2015）对河北省保定市和北京农村地区的冬季能源结构进行了调查，发现民用散煤利用率高达 97%，散煤消耗量也明显高于当年统计年鉴中的记录。Barrington-Leigh 等（2019）对北京 3700 个村庄的电热泵和电力补贴项目进行了研究，发现该项目有利于在中高收入地区减少煤炭使用。

二、中国环境规制的影响研究

对于环境规制政策，Russell 和 Powell（1996）从经济理论的角度构建了一个分析框架。环境监管政策最初被分为"市场工具"和"命令控制工具"。然而，这种划分过于简单化，因为它不能纳入所有形式的环境监管政策（Wang and Yao，2003）。随着环境问题变得更加严重，环境政策继续被讨论。根据政策的行为特征，经济合作与发展组织（Organization for Economic Cooperation and Development，OECD）将其分为三类，即命令控制型工具、市场激励型工具和企业自愿型工具（Russell and Powell，1996）。这些策略类型的特征如下。

首先，命令控制型工具主要是行政命令，其特点是政府对污染物排放或减少的直接规定（Ellerman and Montero，1998；Frey，2013； Patterson III，2000）。它们的优势是受监管的企业可以在短时间内有效实现设定的目标（Johnstone et al.，2010；Viard and Fu，2015），但其成本高昂（Schennach，2000；Albrizio et al.，2017），这意味着减排技术的发展面临阻碍，因此这些政策的可持续性很差（Chen et al.，2013；Ebenstein et al.，2017）。其次，市场激励型工具主要是市场工具。这类工具的目的是通过市场监管和市场力量来影响排放方的经济行为（Greenstone and Hanna，2014；Böhringer et al.，2014；Aghion et al.，2016；Gao et al.，2020；Hu et al.，2020）。市场激励型工具与命令控制型工具相比更加有效，但需要政府对市场有进一步了解（范庆泉和张同斌，2018；Zhang et al.，2018），否则政策效果无法达到预期（Pang and Shaw，2011）。最后，有一类工具是通过改变决策框架中各方的概念和优先事项，改变受监管机构的结构或环境伦理，最终实现环境治理目标的（Fischer and Lyon，2014；Heyes and Martin，2017；Walter，2020），其被称为企业自愿型工具。

在中国环境规制体系不断完善的大背景下，大量研究基于严谨的因果识别策略实证检验了中国各类环境规制工具对经济环境的影响。由于数据可得性和质量限制，早期关于评估中国环境规制减排效果的文献较少。少量文献主要关注排污费和环保检查如何影响企业污染物排放，研究发现环保检查的环境治理效果比征收排污费大（Dasgupta et al.，2001）。"十五"环境保护计划指标没有全部实现，SO$_2$排放量比 2000 年增加了 27.8%[①]。目标责任约束的加强有助于促进污染物减排（Schreifels et al.，2012）。"十一五"规划开始将减排纳入地方干部考核，环境规制执行力度加大，减排效果明显。之后，关于各类环境规制政策的研究增多，Ma 等（2019）基于 PM$_{2.5}$遥感数据研究发现，《大气污染防治行动计划》的实施导致 PM$_{2.5}$年均浓度平均下降 4.27微克/米^3。随着污染物数据公开，在评估国家层面环境规制政策减排效果的同时，部分研究者开始关注北京奥运会、燃料标准提高等事件引发环境规制提高对空气质量的影响。Chen 等（2013）基于 2000～2009 年官方公布的 API（air pollution index，空气污染指数）数据研究发现，为准备北京奥运会采取一系列临时的环境规制措施在奥运期间和奥运后改善了北京空气质量。Li 等（2020）以及 Zhu 和 Wang（2021）关注高质量汽油标准和船舶燃料含量管制执行对空气质量的影响，研究结果都支持了燃油标准提高改善空气质量的结论。具体到环境规制强化改善环境质量的原因，一方面可能是污染企业重新布局了污染活动，另一方面可能是企业为适应新要求增加了环保投资。Chen 等（2018a）利用"十一五"规划中针对化学需氧量（chemical oxygen demand，COD）排放的减排标准，研究了污染密集型活动空间变化，水污染规制加强降低了管制严格地区污染密集型企业活动，相对于规制更严格的下游城市，规制较松的上游城市会吸引更多水污染活动。Zhang 等（2019）将设立环保法庭视为一种准自然实验，DID 估计结果发现环保法庭设立显著促进了企业环境投资。

第二节　中国能源消费的影响效应

一、中国能源消费与经济增长

能源消费与经济增长之间的关系长期受到广泛关注。已有研究认为能源消费与经济增长之间存在三种可能的关系：①能源消费与经济增长之间存在相互影响的双向因果关系（Chang et al.，2013）；②能源消费对经济增长具有促进作用，或者经济增长会促进能源消费的增长，二者存在单向因果关系

---

① 《国务院关于印发国家环境保护"十一五"规划的通知》，https://www.gov.cn/zhengce/content/2008-03/28/content_4877.htm[2024-08-01]。

（Lee，2005）；③在发达国家中能源消费与经济增长没有互相影响，二者不存在因果关系（Narayan et al.，2007）。结合环境库兹涅茨曲线相关理论，能源消费的增长在经济缺乏发展时期可以促进经济增长，当经济增长到一定阶段，能源消费与经济发展出现"脱钩"，能源消费的增长对经济增长不存在促进作用，甚至出现抑制作用。21世纪初，针对中国能源消费与经济增长之间关系的实证研究陆续出现：通过协整检验得出中国能源消费与经济增长之间存在相互影响和依赖的双向因果关系（韩智勇等，2004；马超群等，2004；吴巧生等，2008）；利用误差修正模型探究中国能源消费与经济增长之间的长期协整关系（杨宜勇和池振合，2009；尹建华和王兆华，2011）。近年来随着实证分析模型和方法的演变和发展，相关实证研究更多关注中国能源消费与经济增长的动态关系和脱钩关系，以及驱动因素的研究（郭晶和王涛，2017；孙叶飞和周敏，2017；何则等，2018）。钟海和胡燕子（2021）根据我国 30个省（区、市）的面板数据研究发现可再生能源消费与经济增长之间的关系是非线性的，并基于经济发展水平的不同而存在明显的地域差异。

二、中国能源消费与产业结构

资源生命周期理论认为能源消费强度与产业结构升级呈现倒"U"形的发展趋势（Malenbaum，1975），部分研究认为能源消费与产业结构之间存在相关关系或相互影响的双向因果关系（Zhou et al.，2010；王强等，2011），也有研究表明能源消费与产业结构没有通过实证检验的相关关系（汪小英等，2013；王韶华，2013）。根据中国能源消费结构演化路径以及主要特点，结合已有研究发现，中国产业结构对能源消费造成很大影响，而中国能源消费对产业结构也具有一定影响。中国能源消费受到地区自然资源禀赋以及产业结构的影响，主要以煤炭消费为主。在不考虑政府环境规制政策限制以及节约资源的情况下，中国以煤炭消费为主的能源消费结构在短期内产生的环境污染和资源浪费将对产业结构产生一定冲击，第一产业以及劳动密集型产业在短期内将受到严重影响。从长期来看，以化石能源消费为主的消费结构不利于能源的可持续利用，这将阻碍中国产业与经济的可持续发展。我国应积极转变经济发展方式，推动能源消费结构转型升级，促进能源消费结构与产业结构持续优化。

三、中国能源消费与出口贸易

现阶段中国出口贸易仍旧以货物贸易为主。据国家统计局数据，2022 年我国货物进出口总额为 42.07 万亿元，较上年增长 7.7%。在出口货物贸易中，工业制品占据出口贸易的主要部分。2022 年，我国出口商品总额达到 3.56 万亿美元，其中工业制成品出口额为 3.39 万亿美元，占比达到 95% 以上。与出口货物贸易结构类似，工业能源消费也是我国能源消费的主要部分。结合中国能源消费的主要特点，可以发现，中国能源消费对出口贸易具有间接影响效应，二者存在双向因果效应。已有研究发现，能源消费与出口贸易之间存在三种可能的关系：①能源消费与出口贸易之间存在相互影响的双向因果关系（徐少君，2011）；②出口贸易结构变动对能源消费强度存在影响，二者具有单向的相关关系（尹显萍和石晓敏，2010）；③能源消费与出口贸易不存在相关关系（张炎治和聂锐，2009）。结合中国能源消费的主要特点，可以发现，现阶段中国能源消费结构与出口货物贸易的结构基本一致，中国能源消费能够通过工业部门对中国出口贸易产生巨大影响。一方面，工业部门对能源消费具有持续增长的需求，而出口货物贸易主要以工业制品为主，因此现阶段中国能源消费能够一定程度上影响出口货物贸易，能源消费的价格波动和数量波动能够通过影响工业部门生产间接影响出口货物贸易的增长，对能源市场价格进行调控也能够在一定程度上影响出口货物贸易。另一方面，出口贸易存在隐含能源消费，即商品制造、加工、流通至交换所消耗的能源数量（Tang et al.，2013）。出口货物贸易增加促进隐含能源消费的上升，因此，进出口货物贸易对能源消费总量存在一定影响。因此，改善出口贸易结构、提高出口服务贸易比例能够降低隐含能源消费量，从而减少能源消费总量。

四、中国能源消费与环境污染

能源消费增加引起的直接影响效应便是温室气体排放和环境污染。已有研究证明，能源消费总量、能源消费结构对环境污染具有很大影响。能源消费总量增长易导致温室气体和空气污染物的大量排放，导致碳排放增加、进一步加剧空气污染和水污染（杜海波等，2021），造成环境条件加速恶化。通过分析能源消费总量或单一能源的消费量，对 $PM_{2.5}$、SO_2 等空气污染物浓度的影响进行估算，以衡量能源消费对空气污染物浓度的影响程度（Sharma et al.，2021；Majeed et al.，2021），表现能源消费量对空气污染的影响程度，或者计算空气污染导致的人均货币损失。其中，中国煤炭消费量对空气污染的影响引起了广泛关注（唐登莉等，2017）。既有研究表明，煤炭的消费与 SO_2 等大气污染物的排放密切相关（冷艳丽和杜思正，2016；Jin et al.，2016；王文兴等，2019）。国际公益环保组织自然资源保护协会（Natural Resources Defense Council，NRDC）发布《煤炭使用对中国大气污染的"贡献"》报告，指出我国因煤炭消费而产生的 SO_2、NO_x 等大气污染物占总排放的比重超过 50%[①]。同时，煤炭燃烧也是中国雾霾污染大规模出现的主要原因之一。尽管煤炭消费比例下降了，但目前中国能源消费仍以煤炭为主，雾霾污染和空气质量的恶化仍是我国需要时刻关注的环境问题。此外，环境污染也受到能源消费结构变化的影响，不同煤炭消费占比对雾霾产生的影响存在差异，据此能够进一步从能源消费结构的角度分析雾霾治理和预防（东童童等，2019），为减轻空气污染提供政策思路。能源消费与环境污染的关系密切且复杂（庄汝龙和宓科娜，2022），在二者相关关系研究基础上加入经济增长、产业结构等经济因素并探讨其中的关系（Li and Mao，2020；Danish and Wang，2019），有利于进一步探讨绿色低碳经济的发展方向和规划。

第三节　中国环境规制的影响效应

一、中国环境规制与经济增长

与中国能源消费的影响效应类似，中国环境规制对经济增长的效应机制比较复杂。从长久来看，中国环境规制政策推动生态文明建设，促进自然资源的可持续利用，为经济高质量、可持续发展夯实基础。结合已有理论假说和实证研究分析，基于不同的作用机制，中国环境规制政策会对经济增长起到不同作用。一部分学者认为经济增长会受到政府行政式环境规制政策的积极影响。例如，"两控区"政策的实施不仅减轻了大气污染，还显著促进了经济增

[①]　《煤炭使用对中国大气污染的"贡献"》，http://www.nrdc.cn/Public/uploads/2017-01-11/5875b4077fb71.pdf，2017 年 1 月 11 日。自然资源保护协会为知名公益环保组织，在亚洲、欧洲、拉美和北美等地区参与环境的综合治理与改善（见 http://www.nrdc.cn/aboutus?cid=6&cook=2）。

长，实现了生态文明建设与经济增长共同进步（史贝贝等，2017）。另一部分学者认为，环境规制政策将提高企业的环保投入，进而影响企业的经营决策和区域经济社会的长期发展（杨丹辉和李红莉，2010；涂正革和谌仁俊，2015；金刚和沈坤荣，2018）。从宏观角度分析，碳排放权交易市场的建立促进了生产要素的优化配置，提高了配置效率，有效降低了全社会能源成本，在一定程度上减轻了区域发展不平衡，促进了经济协调发展（Fan et al.，2016）。在长期，环境规制促使企业进行技术创新，从而提升生产效率（于文超和何勤英，2014），对短期的生产成本上升产生补偿作用，进一步促进经济的高质量发展。

二、中国环境规制与产业结构

中国环境规制对产业结构的影响是多重的。一方面，严格的环境规制将促进高污染企业的退出，从而改善区域产业结构，促进产业升级（童健等，2016）。另一方面，环境规制政策引发技术创新效应（王班班和齐绍洲，2016），为了降低环境规制政策导致的企业生产成本增加的程度，企业选择从高污染行业向低污染行业转型，或者引进清洁生产技术，升级生产机械设备，降低生产产生的污染物排放，企业自身向技术密集型企业转型，从而促进当地产业升级。从政府行政指令式环境规制政策来看，实行政府绩效考核方式的环境规制政策的实施助力产业转型升级的效果较为明显（童健等，2016），地方政府在面对约束力较高的环境目标时，实行的环境规制政策更加严格，推动企业转型的压迫力更强烈。当环境规制引发地方政府竞争时，环境规制强度进一步加大，间接促进产业结构改善（余泳泽和尹立平，2022）。从市场化环境规制政策来看，碳交易减排政策允许碳排放的供应与需求在空间上高度分离，使得污染避难所效应降低。另外，价格机制会使环境规制政策引起的生产成本上升向下游产业传导，间接引起产业结构改变。总体来看，环境规制对产业转移、产业结构升级均具有影响效应，环保投资作为环境规制工具对促进产业结构升级比较有效（钟茂初等，2015）。另外，有研究表明环境规制政策有利于服务业发展，推动了产业结构发展（李眺，2013）。

三、中国环境规制与技术创新

结合环境规制相关理论可知，环境规制政策通过对企业施加压力从而推动技术创新进步。一方面，环境规制政策促使企业增加节能减排投入，如使用各种清洁生产设备等（伍格致和游达明，2019），这将带动相关行业的技术进步。另一方面，波特假说认为环境规制政策可推动企业技术创新（Porter，1991），企业将优化生产流程，积极采取原料节约型、能源节约型生产工艺，从而提高自身技术水平。同时，生产设备的技术升级能提高全要素生产率，减少能源利用损耗，降低生产成本，以补偿企业污染治理成本。环境规制政策通过增加企业污染治理成本，推动企业转变高污染、高排放的生产经营模式，进而推动地区产业结构调整升级。同时，在高强度环境规制政策下，高污染型企业会加大技术研发，随着技术创新带来的生产成本降低以及产品更新换代，企业收益由短期污染治理产生损失转变为长期受益（张同斌，2017）。"节能降碳"政策的实证研究表明，"节能降碳"政策显著促进企业绿色创新能力，技术创新带来的长期补偿收益远大于因污染治理提高的生产成本（邓玉萍等，2021）。我国发展实践表明，行政指令式环境规制和市场化环境规制政策均显著影响绿色创新（郭进，2019；彭星和李斌，2016）。同时，各类环境规制政策的实施方式也应持续优化，以充分发挥其对绿色创新的促进作用（李青原和肖泽华，2020）。

四、中国环境规制与出口贸易

环境规制是出口贸易的重要影响因素（任力和黄崇杰，2015）。研究表明，内生环境规制有效提升了化工产品、钢铁产品以及纸和纸浆产品的比较优势（陆旸，2009），而这些行业是环境规制政策的重点关注对象[①]。在长期中，适度的环境规制将提高污染行业的出口竞争力，最终达到环境质量改善和出口增长的双赢（傅京燕和赵春梅，2014；康志勇等，2018）。另外，中国环境规制积极促进出口产品质量的提高（盛丹和张慧玲，2017），从而提升了中国工业行业的贸易比较优势（李小平等，2012），这在一定程度上推动了中国出口贸易的商品结构升级。同时，环境规制的加强也提升了中国工业行业的贸易比较优势（李小平等，2012），在一定程度上推动中国出口贸易的商品结构升级。近年来机电制品、高新技术产品等产品的出口贸易金额逐年增加，

---

① 《重点排污单位名录管理规定（试行）》，https://www.mee.gov.cn/gkml/hbb/bgt/201712/t20171201_427287.htm，2017 年 12 月 1 日。

中国出口贸易的商品结构逐渐向技术密集型商品转变，环境规制政策对出口贸易商品结构的改善发挥了重要的推动作用。另外，根据污染避难所假说，较低的环境标准容易吸引污染密集型产业的外商直接投资（Cole et al.，2006），中国环境规制逐渐加强使得外商倾向于在环境规制更低的地区进行污染密集型产业的直接投资，这也间接导致中国高污染型企业减少。

五、中国环境规制与环境污染

政府制定行政指令式环境规制政策与市场化环境规制政策的主要目的都是促进生态文明建设，两种方式对环境污染的影响机制不同，环境规制政策产生的污染治理效果也有较大差距。政府行政指令式环境规制政策在遵循统一规划、统一监测、统一监管的原则下通过区域间协同合作有效促进了环境污染防治（胡志高等，2019），但环境规制政策仍需进一步完善才能满足环境污染的改善需求。黄溶冰等（2019）认为我国大气污染防治工作降低了 SO_2 等大气污染物的排放峰值，但没有实现空气质量的全面、整体改善。石庆玲等（2016）指出，更完善的政策设计和实施机制是实现持续治污效果的关键所在。针对政府绩效考核环境规制政策的污染治理效果研究尚未达成统一结论。多数研究认为政府绩效考核方式的政策效果明显（王岭等，2019；胡鞍钢等，2010），然而环境规制政策推广政策效果有限。根据污染避难所假说，环境规制政策存在区域性差异可能是因为环境污染会向其他地区迁移（Chen et al.，2018a），而由于存在区域差异性，环境规制政策的有效性仍待研究（沈坤荣和金刚，2018；金刚和沈坤荣，2019；王班班等，2020）。关于市场化环境规制政策对环境污染的作用影响，既有研究在明确环境规制的减污作用的同时，也就政策机制优化提出了建议。一方面，碳排放权交易等市场化环境规制政策能有效降低企业交易成本，促进企业加大投入技术创新并且逐渐降低煤炭等高污染能源消费，从而有效降低当地污染物排放，减轻环境污染问题（涂正革和谌仁俊，2015；李胜兰和林沛娜，2020）。另一方面，市场化环境规制对不同区域和行业的作用存在差异，需要因地制宜、调整政策实施机制，最大化减污效果（李永友和沈坤荣，2008；孙睿等，2014）。

第四章 中国煤炭消费对大气污染的影响

不同类型的煤炭消费对大气质量存在怎样的影响？本章将对不同类型煤炭消费对大气污染的影响进行实证研究。煤炭消费主要分为散煤消费和集中用煤消费，本章分析散煤消费与集中用煤消费对大气污染的影响效应，在此基础上评估不同类型煤炭消费控制政策的效果。本章第一节通过对数据进行简单描述分析中国煤炭消费与 PM$_{2.5}$ 排放的变化趋势。第二节构建计量模型实证研究中国煤炭消费对大气污染水平的影响，结果发现散煤消费和集中用煤消费均是中国大气污染的影响因素，但集中用煤消费的影响更大。此外，第二节还对散煤消费和集中用煤消费细分类型进行了研究。第三节采用动态系数回归方法对中国煤炭消费控制政策的效果进行了评估。第四节总结了本章的研究结论，并基于此提出相关政策建议。

第一节 中国煤炭消费与 PM$_{2.5}$ 排放的变化趋势分析

一、中国煤炭消费量和 PM$_{2.5}$ 年平均浓度的时间变化趋势

图 4.1 显示，自 2012 年后，中国的煤炭消费量得到控制，在 2013～2016 年间出现了持续的下降。同时，PM$_{2.5}$ 年平均浓度也呈现明显下行趋势，表明颗粒物污染状况在 2012～2021 年得到明显缓解。然而，大气污染治理任重道远。煤炭消费是 PM$_{2.5}$ 的重要来源，煤炭控制政策有必要进一步优化。为明确煤炭控制政策优化方向，需进一步细分煤炭消费类型，并分类讨论不同类型煤炭消费的大气污染效应。

二、中国分行业煤炭消费量变化趋势

本章基于我国国民经济行业划分，分别展示了我国各行业在 2000～2021

年的煤炭消费量变化情况（图 4.2），共分为农、林、牧、渔业，工业（包含采矿业、制造业和电力、热力、燃气及水生产和供应业），建筑业，交通运输、仓储和邮政业，批发和零售业及住宿和餐饮业。

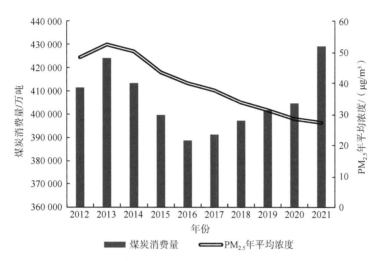

图 4.1　2012～2021 年煤炭消费量与 PM$_{2.5}$ 年平均浓度变化情况

资料来源：国家统计局

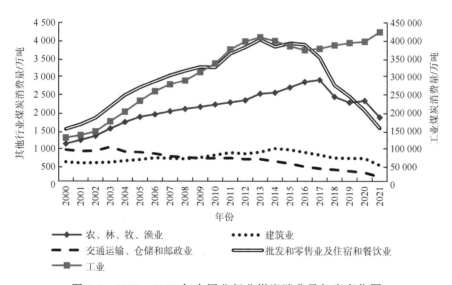

图 4.2　2000～2021 年中国分行业煤炭消费量年度变化图

资料来源：国家统计局

可见，除工业部门外，我国各行业的煤炭消费量在 2017 年后均呈下降趋势，说明我国能源结构清洁化取得较为明显的成效。

三、中国集中用煤消费量、散煤消费量和PM$_{2.5}$浓度变化趋势

本章将农、林、牧、渔业，批发和零售业，建筑业，交通运输、仓储和邮政业、住宿和餐饮业及居民生活消费（又可分为城镇居民用煤消费和农村居民用煤消费）用煤归类为散煤消费，将工业行业用煤归类为集中用煤消费。根据这一分类标准，本章展示了我国集中用煤消费量、散煤消费量和 PM$_{2.5}$年平均浓度的变化情况（图 4.3）。可以发现，集中用煤（工业行业用煤）是我国煤炭消费的绝对主力，其规模从 2014 年开始略有下降，并在 2018 年恢复增长。2012 年至 2021 年，我国 PM$_{2.5}$年平均浓度经历了先上升后下降的过程。值得注意的是，在 2013 年后，我国集中用煤消费量未出现大幅下降，而 PM$_{2.5}$年平均浓度持续下降，这说明我国的工业行业清洁化转型取得了较为显著的成绩，实现了煤炭消费和大气污染的脱钩。

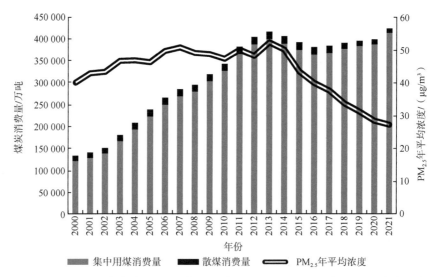

图 4.3　2000～2021 年集中用煤消费量、散煤消费量和 PM$_{2.5}$年平均浓度变化情况

资料来源：国家统计局

第二节　中国煤炭消费对大气污染的影响效应检验

一、实证模型

前文分析表明，煤炭燃烧是 $PM_{2.5}$ 的重要来源。煤炭消费量越高，$PM_{2.5}$ 浓度越高；相同的煤炭消费量中，散煤消费占比越高，$PM_{2.5}$ 浓度越高。基于此，本章构建如下模型来估计煤炭消费对 $PM_{2.5}$ 浓度的影响。

$$\ln PM_{it}^{2.5} = \beta_0 + \beta_1 \ln\left(s\_coal_{it}\right) + \beta_2 \ln\left(c\_coal_{it}\right) + B \cdot X_{it} + \varepsilon_{it} \qquad (4.1)$$

其中，i 和 t 分别为省份和年份；$PM_{it}^{2.5}$ 为大气污染水平，以某一区域 $PM_{2.5}$ 浓度的均值或最大值来衡量；s_coal_{it} 为散煤消费量；c_coal_{it} 为集中用煤消费量；X_{it} 为控制变量；ε 为误差项。β_1 和 β_2 为本章所关注的系数，分别表示散煤消费和集中用煤消费每增加 1% 对 $PM_{2.5}$ 浓度的影响；β_0 为常数项；B 为控制变量的系数矩阵。

从 $PM_{2.5}$ 污染源的角度来看，虽然煤炭消费对 $PM_{2.5}$ 污染贡献最大，但其他化石能源消耗也是 $PM_{2.5}$ 污染的重要来源。例如，2015 年在北京、天津和河北因机动车使用引致的石油消费对雾霾污染的贡献率达到 16%[①]。此外，煤炭等化石能源消费产生的环境污染物的扩散速率受温度、降水等自然条件的制约。一般来说，较高的温度和充沛的降水有助于促进污染物扩散，改善空气质量，进而降低 $PM_{2.5}$ 浓度。除了控制污染源之外，政府还通过技术创新、提高传统化石能源使用效率和清洁能源消费比例等来降低大气污染水平。基于此，式（4.1）可以进一步表示为

$$\ln PM_{it}^{2.5} = \beta_0 + \beta_1 \ln\left(s\_coal_{it}\right) + \beta_3 rd_{it} + \beta_4 ncec_{it} + \beta_5 temp_{it} + \beta_6 rain_{it} + \varepsilon_{it} \qquad (4.2)$$

其中，rd 为技术创新水平；$ncec$ 为非煤能源消费占比，用来控制能源消费结构对大气污染的贡献；$temp$ 为年均气温，$rain$ 为年降水量，两者控制了自然条件对 $PM_{2.5}$ 浓度的影响。

二、变量选取与说明

本章所使用的数据为中国除西藏、香港、澳门、台湾外的 30 个省（区、

---

① 《雾霾爆表"元凶"是谁：有多少源自煤炭和石油的"贡献"？》，http://www.cwestc.com/newshtml/2015-12-3/392907.shtml[2024-08-01]。

市）2000~2012 年的平衡面板数据。各变量说明及其数据来源如下所述。

（一）PM₂.₅浓度

PM₂.₅浓度是衡量大气污染的关键指标之一，单位为微克/米³。中国政府在 2012 年前并未公布完整的城市 PM₂.₅浓度值，本章从哥伦比亚大学国际地球科学信息网络中心获取中国 340 个城市 2000~2012 年的 PM₂.₅浓度数据。该数据集使用常住人口数量对 PM₂.₅浓度进行加权处理，统一人口密度低的低污染地区和人口密度高的高污染地区的 PM₂.₅浓度，注重 PM₂.₅对居民生活的实际影响。本章利用 ArcGis 9.3 对 PM₂.₅原始数据进行了相应处理，并通过加权合并最终得到 2000~2012 年我国 30 个省（区、市）的 PM₂.₅浓度的最大值和年平均值。

（二）散煤消费量

散煤消费量是本章的核心解释变量，单位为吨。目前关于散煤的定义没有统一的标准，官方也没有公布中国散煤消费量的数据。一般而言，散煤是指零散使用和消费未经过清洗和深度清洁的煤。在本章中，散煤消费量指的是在扣除电力、供热和工业集中用煤之后的煤炭消耗量，主要包括日常民用散煤，农业生产使用的散煤，商业和公共组织、工业小型锅炉和小窑使用的散煤等。散煤被广泛使用于生活和服务业中，且具有直燃直排的特点。由于大部分散煤为含硫量较高的低品质煤，燃烧后未采取应有的环保处理措施，其单位消费排放量是火力发电排放量的数倍。本章的散煤消费量根据 2001~2013 年《中国能源统计年鉴》中相关统计指标核算整理而得。具体核算过程如下：将能源平衡表中，工业上用作材料和原料消费的煤炭作为集中用煤进行汇总，将剔除工业消费用煤和加工转换环节用煤之外的其他煤炭消费定义为各省散煤消费量。另外，根据散煤消费的特点，其消费基本上是终端消费。因此，根据终端用煤量估算散煤的消耗量是合理的。

$$s\_coal_{it} = End\_coal_{it} - Industrial\_coal_{it} \qquad （4.3）$$

其中，End_coal_{it}、$Industrial\_coal_{it}$分别为 i 省（区、市）第 t 年煤炭终端消费量和工业用煤消费量。本章所列煤炭消费指标为原煤、洗精煤等所有煤炭类型消费的合计总量。根据本章的测算结果，2000~2012 年中国民用生活类散煤消费总量平均为 2.62 亿吨。通过进一步的比较分析，本章测算结果与 Liu 等（2017）基本一致，这表明上述测算过程是合理的。

（三）集中用煤消费量

集中用煤消费量的单位为吨。从利用方式看，煤炭消费模式可分为散煤消费和集中用煤消费两种。基于此，本章将煤炭能源消费总量扣除上文测算得到的散煤消费量和流转过程中的损失量得到集中用煤消费量，即

$$c\_coal_{it} = Total\_coal_{it} - s\_coal_{it} - Loss\_coal_{it} \qquad （4.4）$$

其中，$Total\_coal_{it}$ 为 i 省（区、市）第 t 年的煤炭消费总量，$Loss\_coal_{it}$ 为 i 省（区、市）第 t 年煤炭流转过程中的损失量，包括运输损失和洗选煤损失等。一般意义上讲，煤炭的集中消费主要用于工业生产和加工投入产出转换。本章将《中国能源统计年鉴》能源平衡表提供的两种类型的煤炭消费量与式（4.4）计算所得的结果进行了比照，结果表明，这两种核算方法的结果是一致的，证明了本章的集中用煤核算方法是科学的。同时，具体到集中用煤消费型号和分类看，该平衡表中将集中用煤能源区分为原煤、洗精煤、其他洗煤和型煤，本章列举的集中用煤指标为所有这些煤炭类型消费的合计总值。

（四）控制变量

从减小 $PM_{2.5}$ 浓度的角度来看，调整能源消费结构和技术进步是两条主要的路径。从这个意义上说，使用非煤化石能源消费占能源消费总量和 R&D（research and development，研究与开发）投资占 GDP 的比例作为控制变量可以控制政府雾霾防控策略对煤炭消费的影响。因此，本章把能源资源禀赋作为控制变量，以非煤能源消费占比（ncec）来度量，数据来源于 2001~2013 年《中国能源统计年鉴》。具体核算过程是：首先，核算 2000~2012 年中国各省（区、市）的能源消费总量，并将各能源消费量按折算系数换算为标准煤；其次，将煤炭与能源消费总量统一为标准煤单位，得到煤炭消费占能源消费总量的比例；最后，用 1 减去该比例即为非煤能源消费占比。技术创新水平变量由研发投入经费占 GDP 的比占比（rd）来衡量，数据来自《中国统计年鉴》。年均气温和年降水量为自然特征控制变量，其中，年均气温数据来源于 2001~2013 年《中国统计年鉴》，年降水量数据分别来自 2000~2002 年各省（区、市）水资源公报和 2004~2013 年《中国环境统计年鉴》。

三、描述性统计与数据来源

表 4.1 提供了上述变量的描述性统计信息。为了尽可能准确刻画出中国各区域的大气污染水平，本章同时选择了不同区域大气污染观测点的 $PM_{2.5}$ 最大水平和年平均水平进行分析。通过比较表 4.1 中 $PM_{2.5}$ 的最大值、最小值、均值和标准差，可以直观发现，中国不同区域的大气污染水平以及散煤和集中用煤消费分布均呈现出较大的区域异质性和年份异质性。

表 4.1　变量描述性统计

变量	单位	观测值	均值	标准差	最小值	最大值
各省（区、市）大气污染平均浓度	微克/米³	390	40.73	19.85	8.62	89.85
各省（区、市）大气污染最高浓度	微克/米³	390	52.86	23.45	12.11	108.48
各省（区、市）集中用煤消费量	万吨	390	8 817.34	7 551.24	184.62	37 937.03
各省（区、市）散煤消费量	万吨	390	6 898.89	6 366.92	0	43 684.31
各省（区、市）平均气温	℃	390	14.48	5.05	4.51	25.36
各省（区、市）年降水量	毫米	390	925.59	600.26	122.63	5 910.17
各省（区、市）R&D 经费占 GDP 比例		390	1.169	1.01	0.14	6.28
各省（区、市）其他能源消费占比		390	0.28	0.15	0.03	0.73
各省（区、市）村委会数量	个	390	21 188.58	18 182.75	1 613	87 817
各省（区、市）煤炭资源储量	亿吨	390	1 522.09	3 817.57	0	18 037.31

四、基准结果

本章首先以模型（4.1）为基准回归模型，估计了煤炭消费对大气污染的影响，估计结果如表 4.2 所示。

表 4.2　煤炭消费对大气污染的影响

被解释变量	$PM_{2.5}$ 浓度		
	(1)	(2)	(3)
集中用煤消费量	0.106*	0.130**	0.133**
	(0.057)	(0.056)	(0.058)
散煤消费量	0.059**	0.063***	0.068**
	(0.022)	(0.023)	(0.025)
技术创新水平		−0.004	−0.002
		(0.029)	(0.030)
非煤能源消费占比		0.106	0.118
		(0.095)	(0.101)

续表

被解释变量	PM$_{2.5}$浓度		
	(1)	(2)	(3)
年降水量			0.032
			(0.023)
年均气温			0.399***
			(0.076)
常数项	−11.45	−7.466	−7.547
	(9.174)	(9.048)	(9.236)
年份固定效应	是	是	是
省（区、市）固定效应	是	是	是
观测值	504	504	504
R^2	0.259	0.262	0.282

注：括号内为稳健标准误，在区域层面进行聚类

***、**、*分别表示在 1%、5%和 10%的水平上显著

　　表 4.2 中第 1 列为未加入控制变量，第 2 列加入了技术创新水平和非煤能源消费占比等控制变量，第 3 列进一步加入年均气温、年降水量等气候变量。三列结果均显示集中用煤消费和散煤消费都显著导致中国大气污染的产生。具体看来，集中用煤消费量每增加 1%，中国的大气污染平均水平会增加 0.133%；散煤消费量每提高 1%，中国的大气污染水平则会上升 0.068%。整体上，集中用煤消费量对大气污染的影响显著大于散煤消费量对大气污染的影响，究其原因，这主要是因为集中用煤消费量显著大于散煤消费量，图 4.3 中也体现出这一趋势。

五、内生性讨论

　　对于散煤消费而言，由于散煤消费具有分散使用、难于统计的特点，本章散煤消费分类方法，基本上是按照行业进行分类，并不是按照终端消费个体的煤炭消费特点和具体行为进行统计分类，从而不能有效识别并区分不同消费主体的真实煤炭消费特征，规避了行业中某些特殊的集中用煤消费主体，所以现有统计数据存在散煤消费高估的可能。因此，模型（4.1）中的核心变量散煤消费量存在典型的测量误差。同样地，对于集中用煤消费而言，本章所使用的基于行业层面的分类方法，也存在使得集中用煤消费被低估或者高估的风险。同时，模型（4.1）也可能存在遗漏变量的风险。例如，囿于数据的可得性，大气湿度、季风等自然现象对 PM$_{2.5}$浓度的影响在模型中无法体

现；持续性极端天气导致的对散煤消费的跳跃性需求及其他行政性生产政策对煤炭资源的波动性影响在该模型中均不能被较好地控制。因此本章采用工具变量法进一步验证煤炭消费对 PM$_{2.5}$ 浓度的影响。本章分别以各省（区、市）湖泊湿地面积和村委会数量、滞后一期的集中用煤和散煤消费量两组变量作为集中用煤和散煤消费的两组工具变量，并利用 2SLS（two stage least squares，两阶段最小二乘法）重新对基准回归模型进行估计，估计结果如表4.3 所示。

表 4.3 煤炭消费对大气污染影响的内生性检验

回归模型 工具变量	2SLS	
	滞后一期的集中用煤和散煤消费量	各省（区、市）湖泊湿地面积和村委会数量
集中用煤消费量	0.170***	0.114***
	(0.027)	(0.052)
散煤消费量	0.052***	0.077***
	(0.020)	(0.036)
技术创新水平	0.237***	0.235***
	(0.023)	(0.026)
非煤能源消费占比	−0.038	−0.138
	(0.154)	(0.153)
年降水量	0.087**	0.093**
	(0.041)	(0.039)
年均气温	0.486***	0.505***
	(0.058)	0.063
常数项	−1.072	−4.964
	(0.277)	(11.024)
弱工具变量检验: 最小特征值统计量（minimum eigenvalue statistic，MES）	2916.760	105.044
Kleibergen-Paap Wald rk F 统计量	710.13	415.22
观测值	474	504
R^2	0.50	0.49

注：括号内为稳健标准误，在区域层面进行聚类

***、**分别表示在 1%、5%的水平上显著

（一）以滞后一期的集中用煤和散煤消费量为工具变量的 2SLS 估计

　　为解决模型中存在的内生性问题，本章首先选用滞后一期的集中用煤和散煤消费作为工具变量来解决煤炭消费对大气污染的内生性问题。一个区域的集中用煤和散煤消费数量取决于当期的基础条件和生产力水平，本章假设一个区域的生产力水平（技术水平）在短期内是不变的，由此引发的集中用煤和散煤消费总量也趋于稳定，即在类似的技术水平和客观的自然条件下，一个区域的两期煤炭（当期和滞后一期）消费存在高度的相关性，该变量满足与内生变量煤炭消费高度相关的基本假设。滞后一期的集中用煤和散煤消费量仅与滞后一期的技术水平、能源消费结构等变量高度相关，而与当期的技术创新水平、非煤能源消费占比、年降水量、年均气温等变量不相关，即滞后一期的集中用煤和散煤消费量符合严格外生假设。因此，滞后一期的集中用煤和散煤消费量是合格的工具变量。

　　表 4.3 中第 1 列报告了以滞后一期的集中用煤和散煤消费量为工具变量的 2SLS 估计结果。结果显示，最小特征值统计量为 2916.760，远大于 10，说明该工具变量是合格的工具变量。散煤消费量和集中用煤消费量对大气污染的影响均较显著，散煤消费量每增加 1%，平均大气污染则会加重 0.052%；集中用煤消费量每增加 1%，平均大气污染水平会提升 0.170%，集中用煤消费量对大气污染的影响大于散煤消费量对大气污染的影响，这与不使用工具变量时的回归结果一致，证明本章的基准回归模型估计结果是稳健的。

（二）以各省（区、市）湖泊湿地面积和村委会数量为工具变量的 2SLS 估计

　　为进一步讨论基准回归模型的内生性问题，本章选择各省（区、市）湖泊湿地面积和村委会数量为一组工具变量对基准回归模型进行了估计。选择湖泊湿地面积作为集中用煤消费量的工具变量，其主要原因是湖泊湿地较多的地方大多水资源较为丰富，有利于需水较多的大型钢铁企业、火电厂等工业企业依托地理优势就地取水，减少取水成本，从而提升工业生产效率，促进这些工业企业对集中用煤的消费，体现为湖泊湿地面积与集中用煤消费正相关，满足相关性假设。但是，湖泊湿地面积并不直接作用于大气污染，即

湖泊湿地面积满足与其他扰动项不相关的严格外生假设，可以作为集中用煤消费的工具变量。

基于散煤消费的特点可知，相当数量的散煤消费量集中在农村（支国瑞等，2015），农村规模与散煤消费量呈较明显的正相关关系。依据工具变量的选择标准，应最先考虑能够准确刻画农村数量和规模的变量，村委会数量是较为直观的指标之一。虽然在中国的公开统计数据中找不到准确的农村数量，但是相关统计资料中明确给出了村委会的数量，而村委会的设置原则一般为100~700 户村民设立一个村民委员会，一个村通常只设一个村委会，因此，本章可以以村委会的数量测度中国的农村数量和规模。一方面，某地区村委会数量越多，该区域的散煤消费量也越大，其特征满足与内生变量散煤消费高度相关的基本假设。另一方面，村委会数量也满足工具变量的外生性假设，这一特征可从两个方面进行论证：一是从数量变化看，各省（区、市）的村委会数量在 2000~2012 年波动较小；二是从逻辑上来看，各省（区、市）的村委会的设置数量并不受技术创新水平、非煤能源消费占比、年降水量、年均气温等变量的影响，即村委会数量满足与其他扰动项不相关的严格外生基本假设，是一个合格的工具变量。《中国农业统计资料（1949—2019）》记录了 2000~2012 年各省（区、市）村委会的数量，本章采用该数据来源。

表 4.3 中第 2 列报告了以各省（区、市）湖泊湿地面积和村委会数量为工具变量的 2SLS 估计结果。最小特征值统计量为 105.044，大于 10，通过了弱工具变量检验。回归结果表明，散煤消费和集中用煤消费的大气污染效应均较显著，散煤消费量每增加 1%，平均大气污染会加重 0.077%；集中用煤消费量每增加 1%，平均大气污染则会增加 0.114%，集中用煤消费量对大气污染的影响大于散煤消费量对大气污染的影响，这与不使用工具变量时的回归结果一致。进一步证明本章的基准回归模型估计结果是稳健的。

六、异质性分析

为了进一步比较不同煤炭消费类型的大气污染效应，从而为优化煤炭消费控制政策找准方向，本章通过分别分解集中用煤消费和散煤消费，利用模型（4.2）重新估计煤炭消费对大气污染的影响，所有估计方法均为固定效应模型。估计结果如表 4.4 和表 4.5 所示。

表 4.4　散煤消费和细分类型集中用煤消费对大气污染的影响

被解释变量	PM$_{2.5}$ 浓度		
	(1)	(2)	(3)
散煤消费量	0.059**	0.057**	0.059**
	(0.022)	(0.025)	(0.026)
工业用煤消费量	0.106	0.106	0.146**
	(0.069)	(0.070)	(0.065)
火力发电用煤消费量	0.065	0.065	0.066
	(0.052)	(0.062)	(0.061)
供热用煤消费量	0.058***	0.058***	0.062***
	(0.019)	(0.018)	(0.021)
炼焦用煤消费量	0.037	0.039	0.021
	(0.057)	(0.058)	(0.056)
洗选煤损失	−0.033**	−0.033**	−0.025*
	(0.013)	(0.013)	(0.013)
制气用煤消费量	0.004	0.003	−0.002
	(0.007)	(0.007)	(0.007)
技术创新水平		−0.009	−0.027
		(0.049)	(0.047)
非煤能源消费占比		−0.017	0.037
		(0.146)	(0.139)
年降水量			0.529***
			(0.078)
年均气温			0.110***
			(0.017)
常数项	−2.112	−2.813	−2.112
	(13.199)	(13.040)	(13.199)
年份固定效应	是	是	是
省（区、市）固定效应	是	是	是
观测值	271	271	271
R^2	0.367	0.367	0.430

注：括号内为稳健标准误，在区域层面进行聚类

***、**、*分别表示在 1%、5%和 10%的水平上显著

表 4.5　集中用煤消费和细分类型散煤消费对大气污染的影响

被解释变量	PM$_{2.5}$ 浓度		
	(1)	(2)	(3)
集中用煤消费量	0.095*	0.107*	0.116*
	(0.050)	(0.057)	(0.060)

被解释变量	PM$_{2.5}$浓度		
	(1)	(2)	(3)
农、林、牧、渔业用煤消费量	0.001	0.003	0.008
	(0.030)	(0.030)	(0.031)
建筑业用煤消费量	−0.007	−0.010	−0.012
	(0.015)	(0.015)	(0.016)
交通运输、仓储和邮政业用煤消费量	0.015	0.020	0.021
	(0.014)	(0.015)	(0.015)
批发和零售业、住宿和餐饮业用煤消费量	0.047**	0.047**	0.044**
	(0.021)	(0.021)	(0.020)
城镇居民生活用煤消费量	−0.011	−0.011	−0.008
	(0.015)	(0.017)	(0.016)
农村居民生活用煤消费量	0.018	0.021	0.014
	(0.028)	(0.028)	(0.027)
其他用煤消费量	−0.042***	−0.044***	−0.042***
	(0.012)	(0.012)	(0.011)
技术创新水平		0.014	0.015
		(0.025)	(0.026)
非煤能源消费占比		0.124	0.147*
		(0.079)	(0.085)
年降水量			0.370***
			(0.058)
年均气温			0.038
			(0.026)
常数项	−10.330	−8.031	−7.780
	(8.733)	(9.824)	(9.938)
年份固定效应	是	是	是
省（区、市）固定效应	是	是	是
观测值	389	389	389
R^2	0.271	0.278	0.298

注：括号内为稳健标准误，在区域层面进行聚类；批发和零售业、住宿和餐饮业的用煤消费具有相似的特点，如都使用大量的商业供暖或烹饪用煤，将它们统计在一起有助于分析这些行业的能源消费模式。统计该两个行业的目的是了解消费性服务业的能源消费情况，将这两个行业放在一起统计是有意义的，因为它们都属于服务业的范畴

***、**、*分别表示在 1%、5%和 10%的水平上显著

　　在控制散煤消费的情况下，对集中用煤消费进行分解所得到的估计结果见表 4.4，其中第 1 列为不加任何其他控制变量的估计结果，第 2 列加入技

术创新水平和非煤能源消费占比控制变量，第 3 列进一步加入年均气温、年降水量等气候变量。结果显示，分解后的集中用煤对大气污染的影响不尽相同，仅工业用煤和集中供热用煤消费对大气污染具有显著的正向促进效应。具体来看，工业用煤消费每增长 1%，大气污染会增长 0.146%，而供热用煤消费 1% 的增长会导致大气污染水平提升 0.062%，因此工业用煤消费的大气污染效应显著高于集中供热用煤消费。此外，本章发现平均集中用煤消费量最高的火力发电对污染的影响并不如预计那样高，即中国的火电厂煤炭消费的大气污染效应已经得到了有效的控制。

表 4.5 为在控制集中用煤消费的条件下对散煤消费进行分解所得到的估计结果。其中第 1、2、3 列的控制变量选择策略与表 4.4 一致。结果显示，分解后的散煤消费对大气污染的影响也是各有差异，仅批发和零售业、住宿和餐饮业的煤炭消费对于大气污染具有显著的正向促进效应。具体看来，当批发和零售业及住宿和餐饮业煤炭消费量每增加 1%，其对大气污染的影响则会增长 0.044%。

第三节　中国煤炭消费控制政策效果评估

事实上，为应对日益严峻的大气污染，自 2000 年起中国政府陆续建立健全以加强对集中用煤消费脱硫、脱硝，补贴清洁生产，推广清洁煤炭消费为主的政策体系，对集中用煤消费行业和企业生产全过程进行排污控制，实现污染物稳定达标排放。需要说明的是，针对大气污染，中国专门制定了脱硫电价补贴政策，明确提出鼓励燃煤电厂提高煤炭使用效率，削减 SO_2 排放量的系列价格政策。针对散煤消费，国家层面的治理策略主要以煤改电、煤改气和能源消费补贴为主，且这些政策的制定和实施以省级政府为主，如山东省发展和改革委员会印发的《山东省耗煤项目煤炭消费减量替代管理办法》和河北省大气污染防治工作领导小组印发的《河北省散煤污染整治专项行动方案》等。在上述政策的综合作用下，集中用煤消费和散煤消费对大气污染的影响产生了怎样的变化？本节采用动态系数回归方法对这些控煤政策的整体效果进行了分析，结果如图 4.4 至图 4.6 所示。

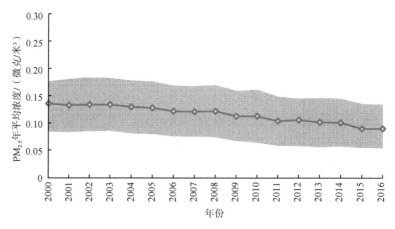

图 4.4　集中用煤消费控制政策对 $PM_{2.5}$ 年平均浓度的影响的年度变化

阴影部分为置信区间

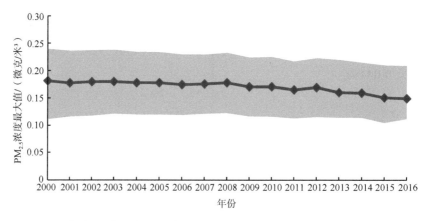

图 4.5　集中用煤消费控制政策对 $PM_{2.5}$ 浓度最大值的影响的年度变化

阴影部分为置信区间

回归结果表明，无论是对于 $PM_{2.5}$ 年平均浓度还是 $PM_{2.5}$ 浓度最大值，在集中用煤消费控制政策的作用下，集中用煤消费的影响均呈下降趋势，这说明相关政策有效减小了集中用煤消费对 $PM_{2.5}$ 浓度的影响。结合图 4.3，本章发现中国的集中用煤消费量虽然在 2016 年后逐年增加，且总量增幅较散煤消费更大，但统计结果显示，集中用煤消费对 $PM_{2.5}$ 浓度影响的边际效应逐年下降，说明集中用煤消费控制政策对大气污染确实起到了一定程度的减排效果。与之相反，散煤消费对 $PM_{2.5}$ 年平均浓度的影响在 2005 年以前较小且不显著，2005 年以后显著为正。结合图 4.6，我们认为散煤消费控制政策整体上的减排效果没有理想中好。

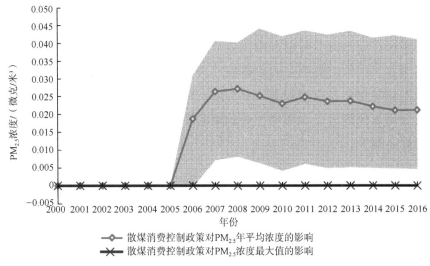

图 4.6　散煤消费控制政策对 PM$_{2.5}$ 浓度的影响

阴影部分为置信区间

第四节　本 章 小 结

本章运用能源经济学和计量经济学的知识和方法，分析了不同类型煤炭消费对大气污染的影响，并运用我国 30 个省（区、市）2000～2012 年的面板数据进行计量回归，得出以下结论。

（1）不管是在长期还是短期，散煤消费量和集中用煤消费量对 PM$_{2.5}$ 浓度均有显著的正向影响，散煤消费和集中用煤消费均是中国 PM$_{2.5}$ 产生的根源。不同的模型 PM$_{2.5}$ 浓度提高值会有细微差别，但总的趋势不会变。按弹性系数折算，万吨散煤消费和万吨集中用煤消费均会导致 PM$_{2.5}$ 年平均浓度提高。当前，集中用煤对 PM$_{2.5}$ 浓度的影响更大；而在长期中，散煤消费的治理同样不可忽视。

（2）针对治理政策的动态效应，2005 年以来，集中用煤治理政策显著降低了集中用煤消费对 PM$_{2.5}$ 浓度的正向效应值，而散煤消费对 PM$_{2.5}$ 浓度的影响随时间推移凸显并日益严重。

（3）细分类型的煤炭消费中，集中用煤消费中的工业用煤消费和供热用煤消费，散煤消费中的批发和零售业、住宿和餐饮业用煤消费对于大气污染具有显著的正向促进效应。

根据以上结论，本章提出以下建议。

我国在继续推进农村能源消费清洁化的同时，应更加注重治理工商业煤炭消费对大气污染的影响。对于散煤消费，应制定行之有效的措施和政策，控制批发和零售业及住宿和餐饮业的煤炭消费；对于集中用煤消费，在控制火电发展用煤的同时，也应将控煤政策的着力点适当倾斜于工业用煤消费和供热用煤消费上。

第五章　中国脱硫电价补贴政策对污染物
排放的影响

　　第三章检验了命令控制型环境规制政策对大气污染的影响，并指出我国煤炭消费控制政策的重点，实质上，主要研究细分类型煤炭消费对大气污染的影响和煤炭消费控制政策的政策效应。结果发现，散煤消费和集中用煤消费对 $PM_{2.5}$ 浓度均有显著的正向影响，且集中用煤消费对 $PM_{2.5}$ 的影响高于等量散煤消费对 $PM_{2.5}$ 的影响。以上研究主要评估了细分类型煤炭消费对大气污染的影响和命令控制型环境规制政策治理大气污染的政策效果，但是没有涉及我国市场激励型环境规制政策对污染物排放的影响。

　　基于上述分析，本章提出问题——市场激励型环境规制政策对污染物排放造成怎样的影响？本章分为四节，第一节主要论述中国脱硫电价补贴政策的发展背景及历程。第二节是实证检验，通过构建 DID 模型，评估脱硫电价补贴政策对我国污染物排放的影响。第三节是进一步分析，检验了脱硫电价补贴政策在不同市场化水平和经济发展水平地区的 SO_2 减排效果。第四节是本章小结，根据前文的分析，梳理本章的研究结论，并基于此提出相关的政策建议。

第一节　中国脱硫电价补贴政策的发展背景及历程

　　为了遏制 SO_2 污染排放，中国政府实施了不同类型的措施（Tang et al.，2020；Wu and Cao，2021）。从"九五"计划（1996~2000 年）开始，中央政府为重点部门和地区制定了 SO_2 排放控制目标。这些目标通过协议或法律实施（Chen et al.，2018b；Shi and Xu，2018），但最终并没有被严格执行，这导致 SO_2 实际排放量依然高于社会最佳水平。除了五年计划之外，中央和地方政府在20世纪90年代和2000年前后使用各种手段实施了一系列政策和计划，以控制主要工业源的 SO_2 排放。例如，1992年联合国环境与发展大会后，中国政府制定了《中国21世纪议程》，并开始通过行政手段命令火电厂进行脱硫。1998年，中央政府推出了"两控区"政策，设定了在大气污染特别严重的城市和地区减少 SO_2 排放的目标。

总的来说，这些政策为中国的环境保护建立了一个框架，并由环保部门在地方实施和执行。然而，上述政策要求企业更新脱硫设备，从而增加了企业的发电成本，因此，政策执行率很低，没有达到最佳效果（Schreifels et al.，2012）。同时，由于严重的信息不对称，政府很难确定企业排放的污染量，只能依靠行政手段（即指挥和控制），企业的行为反应就是逃避监督，实施成本高，效果不佳。

为了解决上述缺点，中国政府采取了一系列市场手段来控制 SO_2 排放（Gao et al.，2009；Dong et al.，2015；Hou et al.，2020）。其中最典型的是脱硫电价补贴政策（石光等，2016）。2004年，我国首次公布了各地的燃煤机组发电统一的上网电价水平，明确规定新建燃煤脱硫机组上网电价将上涨0.015元/千瓦时。这一加价幅度在一定程度上覆盖了脱硫设施的安装和运行成本，形成了对电厂的补贴。然而，中国的 SO_2 排放收费标准非常低，脱硫设施也需要进行技术改造，程序烦琐。现有火电厂可能更愿意保持现状，不进行脱硫。因此，单纯依靠脱硫补贴不足以充分鼓励现有电厂实施脱硫，政府需要加强监管。2007年，所有火电厂都被纳入政策范围，政府还建立了在线监测系统，加强执法力度，有效缓解了信息不对称，电厂非标准的脱硫可能会受到严厉处罚。很明显，脱硫电价补贴政策的时机和范围都发生了变化，政策效果也发生了变化。因此，脱硫电价补贴政策可分为两个阶段，其政策实施效果应当分阶段进行评估。准确评估上述动态排放控制政策的有效性，不仅有助于进一步优化实施路径和方向，也将为类似的环保政策提供实证支持。

第二节　中国脱硫电价补贴政策对 SO_2 排放的影响效应评估

一、实证模型

为了准确确定脱硫电价补贴政策的动态调整对 SO_2 减排的影响，本章采用了以下三种实证策略来评估脱硫电价补贴政策的实施效果。

模型1：本章首先调查了整个时期（2003～2013年）政策的影响。使用 2003年至2013年的样本数据，参考 Beck 等（2010）采用的多期 DID 模型来检验脱硫电价补贴政策的减排效果。估算方法遵循与标准 DID 模型相同的逻辑，即比较获得火电厂脱硫电价补贴的城市与未获得补贴的城市的相对变化。

为评估整个时期政策的减排效应，本章构建如下模型。

$$y_{it} = \beta \cdot \text{lnPowerplant Output}_{it} \cdot I_t^{2004,2007} + \sum_{j=2003}^{2013} P_i' I_t^j \cdot \varnothing_j + \text{City}_i + \text{Year}_t + \varphi \cdot X_{it} + \varepsilon_{it} \tag{5.1}$$

其中，$\text{lnPowerplant Output}_{it}$ 为火电厂总发电量的自然对数，i 为城市，t 为时间段；$I_t^{2004,2007}$ 是虚拟变量，2007年之后为1，如果在2004～2006年该地区有新的火电厂，则 $I_t^{2004,2007}$ 为0；y_{it} 为政策的减排效果，是 SO_2 去除量或 SO_2 去除率的自然对数，SO_2 排放量与总产量成比例，如果政策有效，将直接影响 SO_2 去除量和去除率；City_i 为城市固定效应，可以控制城市之间的差异；Year_t 为时间固定效应，可以控制宏观政策和国家 SO_2 减排随时间变化的趋势；$\sum_{j=2003}^{2013} P_i' I_t^j \cdot \varnothing_j$ 为年份-省（区、市）固定效应；ε_{it} 为随机扰动项；X_{it} 为一组控制变量，包括 GDP 增长率、人均 GDP 和行业增加值占 GDP 的份额；φ 为控制变量的系数矩阵。由于城市经济水平与 SO_2 排放量呈正相关，本章参照石光等（2016）的方法，控制 GDP 增长率和人均 GDP 等经济因素对 SO_2 排放量的影响。SO_2 排放受产业结构的影响，重工业城市的 SO_2 排放量往往较高（Zhao et al.，2018）。本章通过控制各行业增加值占 GDP 的比例用于控制这一潜在偏差。

模型2：本章使用2003年至2006年的火电厂数据，将2004～2006年新建火电厂的地级市作为受政策影响的处理城市，其他地级市作为控制城市。使用标准 DID 模型评估 2004 年脱硫电价补贴政策的效果。基准模型如下：

$$y_{it} = \beta \cdot \ln\text{Powerplant Output}_{it} \cdot I_t^{2004}$$
$$+ \sum_{j=2003}^{2006} P_i' I_t^j \cdot \varnothing_j + \text{City}_i + \text{Year}_t + \varphi \cdot X_{it} + \varepsilon_{it} \tag{5.2}$$

其中，如果城市 i 在 t 年（2004～2006 年）有新的火电厂，I_t^{2004} 为 1，模型其他部分与式（5.1）保持一致。

模型 3：为准确评估脱硫电价补贴政策第二阶段（即 2007 年以来所有发电厂）对大气污染水平的影响，本章删除 2003 年至 2006 年新成立的火电厂样本。本章参考 Nunn 和 Qian（2011）的模型进行估计，样本期间为 2003 年至 2013 年。模型其他部分与式（5.1）一致，其中 $I_t^{2004,2007}$ 在 2007～2013 年为 1。

式（5.1）和式（5.2）中的系数 β 是脱硫电价补贴政策对 SO_2 去除量或 SO_2 去除率的影响系数。在三种实证策略中，β 分别衡量了整个样本期内脱硫电价补贴政策的综合减排效果、2004 年的减排效果和 2007 年的减排效果。

这些估计策略具有标准 DID 模型的很多优点。城市固定效应控制了城市层面不可观测的因素，包括城市文化、自然资源等城市特征变量。对影响所有城市的政策或事件的任何长期趋势均采用控制时间固定效应的方法控制。此外，由于城市所在的省（区、市）将根据自身的发展目标和比较优势引入一些政策，本章通过引入一个针对年份-省（区、市）固定效应$\left(\sum_{j=2003}^{2013} P_i' I_t^j \cdot \varnothing_j \right)$来控制这一因素。同时，本章假设，2004 年或 2007 年没有其他事件影响 SO_2 去除量或 SO_2 去除率。考虑到中国政府在 2004 年和 2007 年实施的其他政策不会产生与脱硫电价补贴政策类似的效果，这一假设是合理的。

二、变量选取与说明

在中国，确保电力供应是地方政府的重要职责，所有地级市都有火电厂。本章使用 2003～2013 年中国 288 个地级市的火电厂和 SO_2 排放量数据来揭示脱硫电价补贴政策对 SO_2 排放的影响。对于 SO_2 排放，本章使用三个不同的变量，即 SO_2 排放量（直接排放到大气中的 SO_2 量）、SO_2 去除量（处理后未排放到大气中的 SO_2）和 SO_2 去除率（去除的 SO_2 量除以 SO_2 总排放量，从而反映 SO_2 处理水平）。

不同城市的火电厂数据来源于中国工业企业数据库。该数据库包含了中国所有国有工业企业和规模以上非国有工业企业（年销售收入超过 500 万元的企业）的主要财务指标和企业变量。本章对地级市进行匹配，以获得每年火电厂的数量以及每种情况下相应的总产量。火电厂的数量是最直观的密度指标，但其局限性在于它没有考虑规模或发电量。在给定电价的前提下，火电厂规模与发电量之间存在正的线性相关关系。因此，本章使用火电厂规模作为火电厂密度的衡量标准。同时，本章使用火电厂数量代表火电厂密度，验证分析结果。

三、描述性统计与数据来源

由于脱硫电价补贴政策的实施范围在 2007 年发生了变化，本章分别给出了 2003～2006 年和 2003～2013 年两个时间跨度的主要变量的统计特征。表 5.1 显示，2003 年至 2006 年间，所有地级市都有火电厂，每个城市平均有 4.37 座火电厂，最少有 1 座，最多有 38 座。每个城市平均有 0.13 个新的火电厂，最多有 4 个。SO_2 平均排放量为 63 220.62 吨，SO_2 平均去除量为 64 375.08 吨，平均去除率为 24%。人均地区生产总值为 14 715.72 元，地区生产总值增长率为 13.89%。当本章将样本时间跨度延长到 2003～2013 年时，每个城市平均有 4.47 座火电厂，拥有火电厂的数量从 1 座到 41 座不等。SO_2 平均排放量 62 503.36 吨，SO_2 平均去除量为 88 295.32 吨，平均去除率为 38%。人均地区生产总值 27 331.03 元，平均增长 13.30%。鉴于每个城市都有火电厂，而且 2007 年的脱硫电价补贴政策对所有电厂都有效，为了避免统计偏差，有必要将所有数据纳入政策评估过程。

四、基准结果

表 5.2 说明了本章三个模型的计量策略。本章首先使用模型 1 对脱硫电价补贴政策的整体效果进行评估，相应结果见表 5.3 之对应部分。可以发现，在衡量政策执行强度时，无论是以火电厂规模还是火电厂数量为被解释变量，2004 年和 2007 年的脱硫电价补贴政策都显著地使之下降。具体而言，城市火电厂的产量每增加 1%，当地的 SO_2 去除总量就会增加 5.3%～5.5%，SO_2 去除率提高 0.009%。当地火电厂数量增加 1%，当地 SO_2 去除量增加 14%～

表 5.1 描述性统计

变量	2003~2006 年					2003~2013 年				
	观测值	平均值	标准差	最小值	最大值	观测值	平均值	标准差	最小值	最大值
火电厂数量/座	1 141	4.37	4.70	1	38	3 129	4.47	4.95	1	41
新建火电厂数量/座	1 141	0.13	0.43	0	4	3 129	—	—	—	—
新建火电厂规模/兆瓦时	1 141	22 745.77	129 595.70	0	1 820 371	3 129	2 678 431.00	5 559 829.00	0	1 820 371
SO_2 去除量/吨	1 141	64 375.08	688 702.70	0	18 400 000	3 129	88 295.32	438 012.90	0	18 400 000
SO_2 排放量/吨	1 141	63 220.62	66 641.57	64	683 162	3 129	62 503.36	61 940.41	12	683 162
SO_2 去除率	1 141	0.24	0.21	0	100	3 129	0.38	0.26	0	100
烟尘去除量/吨	1 141	650 007.30	853 589.90	0	8 779 106	3 129	1 318 498.00	2 531 706.00	0	76 900 000
烟尘排放量/吨	1 141	28 788.32	29 349.37	47	250 308	3 129	31 347.41	127 767.20	34	5 168 812
人均地区生产总值/元	1 141	14 715.72	12 469.84	1892	96 006	3 129	27 331.03	26 016.02	99	467 749
地区生产总值增长率	1 141	13.89	4.59	-3.40	108.80	3 129	13.30	3.95	-19.38	108.80

表 5.2 三个模型的计量策略描述

模型	时间跨度	I_i^{2004} 或 $I_i^{2004,2007}$ 取值及含义
模型 1	2003~2013 年	1,2004~2006 年有新建火电厂的城市;2007 后所有的城市 0,2004~2006 年没有新建火电厂的城市
模型 2	2003~2006 年	1,2004~2006 年有新建火电厂的城市 0,2004~2006 年没有新建火电厂的城市
模型 3	2003~2013 年	1,2007 年后所有的城市 0,2004~2006 年没有新建火电厂的城市

注:$I_i^{2004,2007}$ 的含义与式 (5.1) 相同

表 5.3　脱硫电价补贴政策减排效应：基准结果

变量	SO₂排放量		SO₂去除率		SO₂排放量		SO₂去除率	
	(1)	(2)	(3)	(4)	(5)	(6)	(7)	(8)
模型 1：整个样本期的政策效应								
脱硫电价补贴政策×火电厂规模	0.053*** (0.008)		0.009*** (0.001)		0.140* (0.082)		0.006*** (0.002)	
脱硫电价补贴政策×火电厂数量		0.055*** (0.009)		0.009*** (0.002)		0.208** (0.101)		0.003 (0.002)
观测值	3111	3013	3129	3031	2004	2004	3031	3031
调整后 R^2	0.79	0.81	0.67	0.73	0.78	0.81	0.66	0.72
模型 2：仅对新建火电厂的政策效应（2003~2006 年）								
脱硫电价补贴政策×火电厂规模	0.0089 (0.013)		0.0023 (0.002)		0.256 (0.185)		0.031 (0.037)	
脱硫电价补贴政策×火电厂数量		0.0082 (0.012)		0.0018 (0.002)		0.245 (0.506)		0.039 (0.058)
观测值	949	949	954	954	115	115	115	115
调整后 R^2	0.87	0.89	0.78	0.81	0.98	0.99	0.98	0.99
模型 3：政策第二阶段的效应（2003~2013 年）								
脱硫电价补贴政策×火电厂规模	0.229*** (0.034)		0.042*** (0.005)		0.229*** (0.068)		0.058*** (0.010)	
脱硫电价补贴政策×火电厂数量		0.289*** (0.048)		0.050*** (0.007)		0.159* (0.090)		0.047*** (0.013)
观测值	2628	2628	2637	2637	3008	3008	3026	3026
调整后 R^2	0.79	0.82	0.71	0.76	0.78	0.81	0.67	0.72

续表

变量	SO_2 排放量		SO_2 去除率		SO_2 排放量		SO_2 去除率	
	(1)	(2)	(3)	(4)	(5)	(6)	(7)	(8)
时间固定效应	是	是	是	是	是	是	是	是
城市固定效应	是	是	是	是	是	是	是	是
年份-省（区、市）固定效应	否	是	否	是	否	是	否	是
控制变量	是	是	是	是	是	是	是	是

注：SO_2 排放量均取自然对数。括号中为聚类到城市层面的稳健标准误

***、**、*分别表示在1%、5%和10%的水平上显著

20.8%，SO$_2$ 去除率增加 0.006%。

为了检验 2004 年和 2007 年脱硫电价补贴政策对 SO$_2$ 减排的影响，本章分别使用模型 2 和模型 3 进行分析，相应结果见表 5.3 之对应部分。可以发现，2004 年政策的效果不显著，这表明新电厂脱硫电价补贴政策没有产生明显的节能减排效果；2007 年的脱硫电价补贴政策则有效地控制了 SO$_2$ 污染，显著减少了 SO$_2$ 排放量。具体而言，城市火电厂产量每增加 1%，当地 SO$_2$ 去除率将增加 22.9%～28.9%，SO$_2$ 去除率将增加 0.042%～0.050%。同样，当地火电厂数量增加 1%，SO$_2$ 去除量显著增加 15.9%～22.9%，SO$_2$ 去除率增加 0.047%～0.058%。

从表 5.3 的结果来看，脱硫电价补贴政策有效地将减排的正外部性内部化，达到了预期效果。根据其影响路径和渠道，脱硫电价补贴有效地鼓励了企业实施脱硫设施，提高了脱硫能力和运营成本，从而达到了脱硫效果（石光等，2016）。

五、动态效应检验

为了研究脱硫电价补贴随时间的影响，本章使用式（5.3）重新估计整个样本。在估算过程中，本章使用 SO$_2$ 去除率和去除率的对数作为解释变量，并采用两种方法测量每个城市的火电厂密度，即火电厂数量和火电厂规模。

$$y_{it} = \beta \cdot \sum_{j=2003}^{2013} \ln \text{Powerplant Output}_{it} \cdot I_t^{2004,2007}$$
$$+ \sum_{j=2003}^{2013} P_i' I_t^j \cdot \varnothing_j + \text{City}_i + \text{Year}_t + \varphi \cdot X_{it} + \varepsilon_{it}$$

（5.3）

估计结果如表 5.4 所示，表 5.4 中的第（1）列至第（4）列表示采用规模衡量火电厂密度的结果，第（5）列至第（8）列表示采用数量衡量火电厂密度的结果。两种方法之间总体上是一致的，动态检验的结果相对稳定。表 5.4 中的结果表明，在 2005 年后，脱硫电价补贴政策的影响随着时间的推移逐渐增加，特别是，从 2007 年起，其影响发生了质的飞跃。使用火电厂规模测算火电厂密度的估计结果中，2007 年的政策效应几乎是 2004 年最高值的两倍。使用火电厂数量测算火电厂密度的估计结果中，2007 年的政策效应也高于 2004 年。这表明，脱硫电价补贴政策降低 SO$_2$ 排放的效果呈现出持续增强的趋势，这与本章的理论预期相符。其原因可能在于，在政策实施过程中，脱硫设施的建设积累了更多的经验，大大降低了脱硫设施的投资成本。2007 年，政策补贴范围扩大到所有火电厂，鼓励使用气化技术和设施，从而使得脱硫效果进一步改善。

表 5.4　脱硫电价补贴政策减排效应：动态效应检验（2003～2013 年）

变量	火电厂密度：根据火电厂规模				火电厂密度：根据火电厂数量			
	SO$_2$ 排放量		SO$_2$ 去除率		SO$_2$ 排放量		SO$_2$ 去除率	
	(1)	(2)	(3)	(4)	(5)	(6)	(7)	(8)
2004×PD	−0.088**	−0.167***	−0.011*	−0.006	0.014	−0.042	−0.005**	−0.009
	(0.084)	(0.080)	(0.006)	(0.005)	(0.068)	(0.071)	(0.013)	(0.013)
2005×PD	0.178***	0.151***	0.033***	0.029***	0.189**	0.145*	0.019	0.016
	(0.029)	(0.031)	(0.009)	(0.006)	(0.069)	(0.073)	(0.014)	(0.014)
2006×PD	0.151***	0.145***	0.027***	0.025***	0.328***	0.280***	0.035**	0.028*
	(0.034)	(0.036)	(0.009)	(0.008)	(0.070)	(0.073)	(0.014)	(0.014)
2007×PD	0.299**	0.299***	0.032**	0.031***	0.355***	0.312***	0.038**	0.034**
	(0.080)	(0.073)	(0.011)	(0.010)	(0.073)	(0.076)	(0.015)	(0.015)
2008×PD	0.407***	0.389***	0.044***	0.043***	0.335***	0.298***	0.044**	0.046**
	(0.081)	(0.081)	(0.014)	(0.013)	(0.084)	(0.088)	(0.016)	(0.017)
2009×PD	0.307***	0.298***	0.042***	0.041***	0.191**	0.145	0.036**	0.032**
	(0.062)	(0.058)	(0.010)	(0.009)	(0.084)	(0.089)	(0.015)	(0.015)
2010×PD	0.311***	0.308***	0.041***	0.041***	0.203***	0.187***	0.027**	0.028*
	(0.076)	(0.073)	(0.011)	(0.010)	(0.061)	(0.062)	(0.012)	(0.014)
2011×PD	0.516***	0.506***	0.072***	0.071***	0.411***	0.411***	0.067***	0.064***
	(0.092)	(0.094)	(0.015)	(0.015)	(0.079)	(0.079)	(0.014)	(0.014)
2012×PD	0.324***	0.328***	0.058***	0.060***	0.352***	0.356***	0.059***	0.085***
	(0.089)	(0.091)	(0.016)	(0.015)	(0.080)	(0.081)	(0.014)	(0.014)
2013×PD	0.352***	0.341***	0.077***	0.076***	0.325***	0.270**	0.085***	0.079***
	(0.089)	(0.087)	(0.016)	(0.015)	(0.082)	(0.087)	(0.014)	(0.015)
时间固定效应	是	是	是	是	是	是	是	是
城市固定效应	是	是	是	是	是	是	是	是
年份-省（区、市）固定效应	是	是	是	是	是	是	是	是
控制变量	否	是	否	是	否	是	否	是
观测值	1793	1794	1797	1799	3018	3015	3026	3015
调整后 R^2	0.85	0.84	0.78	0.68	0.78	0.81	0.73	0.66

注：PD 代表火电厂密度，标准误根据 10 个年份进行聚类

***、**、*分别表示在 1%、5% 和 10% 的水平上显著

六、稳健性检验

（一）以 2003 年火电厂规模和数量作为解释变量

当使用火电厂数量和规模来估计其密度以进行计量经济分析时，式（5.1）～（5.3）的应用可能存在固有的局限性。例如，从长远来看，当火电厂实现政府脱硫补贴政策的预期效益时，其生产规模可能会增加，从而获得更多补贴。新的火电厂将进入市场，从而干扰政策效果。2007 年，当脱硫电价补贴政策扩展到所有火电厂时，政策的预期效果加强。为了解决这个问题，本章使用 2003 年火发电厂的规模和数量作为代理变量。因此，将式（5.1）转换为式（5.4）。

$$
\begin{aligned}
y_{it} = {} & \beta \cdot \ln \text{Powerplant Output}_{it}^{2003} \cdot I_{it}^{2004,2007} + \sum_{j=2003}^{2006} P_i' I_t^j \cdot \varnothing_j \\
& + \sum_c \gamma_c \cdot I_i^c + \sum_{j=2003}^{2013} \varphi_j \cdot I_t^j + \text{City}_i + \text{Year}_t + \varphi \cdot X_{it} + \varepsilon_{it}
\end{aligned}
\tag{5.4}
$$

从规模和数量上看，2003～2006 年新建的电厂数量均少于 2003 年。因此，为了避免扩大 2004 年政策的影响，本章基于式（5.4）重新估计政策效应，结果如表 5.5 和表 5.6 所示。

表 5.5　脱硫电价补贴政策第一阶段的减排效应（2003～2013 年）

变量	SO_2 排放量		SO_2 去除率		SO_2 排放量		SO_2 去除率	
	(1)	(2)	(3)	(4)	(5)	(6)	(7)	(8)
脱硫电价补贴政策×火电厂规模	0.016*	0.017*	0.003***	0.004**				
	(0.010)	(0.010)	(0.001)	(0.002)				
脱硫电价补贴政策×火电厂数量					0.016*	0.017*	0.003***	0.004**
					(0.010)	(0.010)	(0.001)	(0.002)
时间固定效应	是	是	是	是	是	是	是	是
城市固定效应	是	是	是	是	是	是	是	是
年份-省（区、市）固定效应	否	是	否	是	否	是	否	是
控制变量	是	是	是	是	是	是	是	是
观测值	2593	2557	2604	2568	2593	2557	2604	2568
调整后 R^2	0.79	0.82	0.61	0.67	0.79	0.82	0.61	0.67

注：括号中为聚类到城市层面的稳健标准误

***、**、*分别表示在 1%、5% 和 10% 的水平上显著

表 5.6　脱硫电价补贴政策第二阶段的减排效应（2003～2013 年）

变量	SO$_2$ 排放量		SO$_2$ 去除率		SO$_2$ 排放量		SO$_2$ 去除率	
	(1)	(2)	(3)	(4)	(5)	(6)	(7)	(8)
脱硫电价补贴政策 ×火电厂规模	0.135**	0.096	0.038***	0.035***				
	(0.057)	(0.064)	(0.008)	(0.008)				
脱硫电价补贴政策 ×火电厂数量					0.135**	0.096	0.038***	0.035***
					(0.057)	(0.064)	(0.008)	(0.008)
时间固定效应	是	是	是	是	是	是	是	是
城市固定效应	是	是	是	是	是	是	是	是
年份-省（区、市） 固定效应	否	是	否	是	否	是	否	是
控制变量	是	是	是	是	是	是	是	是
观测值	2595	2556	2606	2567	2595	2556	2606	2567
调整后 R^2	0.79	0.82	0.62	0.67	0.79	0.82	0.62	0.67

注：括号中为聚类到城市层面的稳健标准误

***、**分别表示在 1%、5%的水平上显著

　　这些结果与基准结果保持一致，意味着两阶段脱硫电价补贴政策对 SO$_2$ 减排有显著的促进作用。火电厂规模每增加 1%，政策对 SO$_2$ 去除量的影响将增加 1.6%～1.7%，对 SO$_2$ 去除率的影响将增加 0.003%～0.004%。表 5.6 显示，2007 年的脱硫电价补贴政策对减轻大气污染也有显著影响，且这种影响明显大于 2004 年。

　　此外，表 5.5 中所有回归系数的结果都比表 5.6 小。这表明 2007 年的政策对脱硫的影响明显大于 2004 年。本章还分别列出了基于规模和数量的火电厂密度回归结果。通过对比分析，发现两组结果不仅显著，且保持一致，这进一步验证了回归分析的稳健性。

（二）替换被解释变量

　　基准结果表明，脱硫电价补贴政策显著提高了 SO$_2$ 去除量和 SO$_2$ 去除率，这意味着该政策有助于抑制 SO$_2$ 排放量的增长。因此，本章使用 SO$_2$ 排放量为被解释变量进行重新估算，相应结果见表 5.7 和表 5.8。

表 5.7　脱硫电价补贴政策对 SO_2 的减排效应：基于当期的火电厂密度

变量	模型 1		模型 2		模型 3	
	(1)	(2)	(3)	(4)	(5)	(6)
脱硫电价补贴政策	−0.009**		−0.004		−0.040**	
×火电厂规模	(0.004)		(0.006)		(0.021)	
脱硫电价补贴政策		−0.014**		−0.021		−0.167***
×火电厂数量		(0.007)		(0.036)		(0.053)
时间固定效应	是	是	是	是	是	是
城市固定效应	是	是	是	是	是	是
年份-省（区、市）固定效应	是	是	是	是	是	是
控制变量	是	是	是	是	是	是
观测值	3031	3036	954	954	2637	3025
调整后 R^2	0.89	0.89	0.94	0.94	0.81	0.81

注：被解释变量为 SO_2 排放量。括号中为聚类到城市层面的稳健标准误

***、**分别表示在 1%、5%的水平上显著

表 5.8　脱硫电价补贴政策对 SO_2 的减排效应：基于 2003 年的火电厂密度

变量	模型 1		模型 3	
	(1)	(2)	(1)	(2)
脱硫电价补贴政策	−0.021***		−0.134***	
×火电厂规模	(0.006)		(0.027)	
脱硫电价补贴政策		−0.021***		−0.134***
×火电厂数量		(0.006)		(0.027)
时间固定效应	是	是	是	是
城市固定效应	是	是	是	是
年份-省（区、市）固定效应	是	是	是	是
控制变量	是	是	是	是
观测值	2568	2568	2567	2567
调整后 R^2	0.88	0.88	0.89	0.89

注：被解释变量为 SO_2 排放量。括号中为聚类到城市层面的稳健标准误

***表示在 1%的水平上显著

表 5.7 和表 5.8 的结果表明，无论采用当时的电厂密度还是 2003 年的密度，脱硫电价补贴政策都有效降低了 SO_2 排放量。这进一步支持了本章的结果。鉴于本章根据两个不同的指标（火电厂规模和数量）估计了火电厂密度，且由于两组结果相似，本章认为基准回归模型的结论是稳健的。

此外，火电厂排放的污染物种类繁多，包括烟尘和 SO_2。一些共同的减

排政策可能对所有这些污染物都有效。脱硫电价补贴政策旨在推进燃煤电厂的脱硫改造，主要方法是安装脱硫设施，未直接关注烟尘等其他大气污染物。基于式（5.1）和式（5.2），本章估计了脱硫电价补贴政策对燃煤电厂烟尘去除量和烟尘去除率的效果，结果见表 5.9。回归结果表明，脱硫电价补贴政策主要降低 SO_2 排放量，对烟尘没有显著影响。

表 5.9　脱硫电价补贴政策对烟尘的减排效应

变量	烟尘排放量		烟尘去除率		烟尘排放量		烟尘去除率	
	(1)	(2)	(3)	(4)	(5)	(6)	(7)	(8)
模型 1：整个样本期的政策效应								
脱硫电价补贴政策	0.005	0.003	−0.000	−0.001				
×火电厂规模	(0.009)	(0.010)	(0.001)	(0.001)				
脱硫电价补贴政策					0.028	−0.095	0.001	−0.005
×火电厂数量					(0.076)	(0.099)	(0.008)	(0.011)
观测值	3117	3019	3118	3020	2006	2006	2005	2005
调整后 R^2	0.81	0.83	0.59	0.63	0.80	0.83	0.56	0.63
模型 2：仅对新建火电厂的政策效应（2003～2006 年）								
脱硫电价补贴政策	0.005	0.005	0.000	0.000				
×火电厂规模	(0.011)	(0.010)	(0.001)	(0.001)				
脱硫电价补贴政策					−0.006	−0.017	−0.002	−0.002
×火电厂数量					(0.070)	(0.072)	(0.007)	(0.008)
观测值	952	952	953	953	952	952	953	953
调整后 R^2	0.88	0.89	0.74	0.77	0.88	0.89	0.74	0.77
模型 3：政策第二阶段的效应（2003～2013 年）								
脱硫电价补贴政策	0.064**	0.056	0.000	0.004				
×火电厂规模	(0.022)	(0.036)	(0.002)	(0.004)				
脱硫电价补贴政策					−0.141***	−0.233***	−0.027***	−0.029***
×火电厂数量					(0.057)	(0.075)	(0.007)	(0.007)
观测值	2628	2628	2628	2628	3014	3014	3015	3015
调整后 R^2	0.76	0.79	0.49	0.56	0.80	0.83	0.59	0.64
时间固定效应	是	是	是	是	是	是	是	是
城市固定效应	是	是	是	是	是	是	是	是
年份-省（区、市）固定效应	否	是	否	是	否	是	否	是
控制变量	是	是	是	是	是	是	是	是

注：烟尘排放量取自然对数。括号中为聚类到城市层面的稳健标准误

***、**分别表示在 1%、5%的水平上显著

第三节　中国脱硫电价补贴政策对 SO_2 排放的区域异质性效应评估

区域发展不平衡是中国经济发展中的一个长期问题。不同发展水平的地区之间，脱硫电价补贴政策的实施情况可能有所不同。表 5.10 讨论了脱硫电价补贴政策效应的区域异质性，并将样本划分为中国的南北地区。

表 5.10　南北地区异质性分析

变量	SO_2 排放量				SO_2 去除率			
	北部		南部		北部		南部	
	(1)	(2)	(3)	(4)	(5)	(6)	(7)	(8)
模型 1：整个样本期的政策效应								
脱硫电价补贴政策×火电厂规模	0.025**	0.022*	0.068***	0.076***	0.005**	0.004**	0.012***	0.013***
	(2.29)	(1.78)	(5.85)	(5.58)	(2.41)	(2.02)	(6.86)	(6.04)
观测值	1505	1473	1606	1540	1510	1478	1619	1553
调整后 R^2	0.81	0.84	0.79	0.81	0.67	0.75	0.69	0.73
模型 2：仅对新建火电厂的政策效应（2003～2006年）								
脱硫电价补贴政策×火电厂规模	0.009	0.007	0.007	0.008	0.002	0.001	0.003	0.002
	(0.86)	(0.64)	(0.28)	(0.36)	(1.26)	(0.90)	(0.64)	(0.47)
观测值	496	496	453	453	496	496	458	458
调整后 R^2	0.92	0.93	0.84	0.86	0.84	0.87	0.75	0.78
模型 3：政策第二阶段的效应（2003～2013年）								
脱硫电价补贴政策×火电厂规模	0.243***	0.243***	0.231***	0.326***	0.044***	0.033***	0.043***	0.064***
	(3.82)	(2.99)	(5.95)	(6.22)	(4.77)	(2.80)	(5.45)	(7.98)
观测值	1366	1366	1262	1262	1370	1370	1267	1267
调整后 R^2	0.81	0.84	0.78	0.81	0.72	0.77	0.71	0.77
时间固定效应	是	是	是	是	是	是	是	是
城市固定效应	是	是	是	是	是	是	是	是
年份-省（区、市）固定效应	否	是	否	是	否	是	否	是
控制变量	是	是	是	是	是	是	是	是

注：括号中为聚类到城市层面的稳健标准误，南部地区和北部地区以秦岭淮河线划分

***、**、*分别表示在 1%、5%和10% 的水平上显著

2000 年后，由于北方城市资本存量增长率不足、计划经济比率高、市场化水平滞后，中国南方和北方的发展方式正逐步出现差异（盛来运等，2018）。

这些可能会影响脱硫电价补贴政策的实施。参照 Ebenstein 等（2017）的方法，本章通过秦岭淮河将样本分为南北两部分。表 5.10 显示了脱硫电价补贴政策效应的南北异质性。与基准结果一致，该政策的第二阶段 SO_2 减排效果更为显著。模型 1 和模型 3 在南部和北部地区的脱硫电价补贴政策与 SO_2 排放量之间的系数均显著为正，且南部地区的系数大于北部地区。模型 2 脱硫电价补贴政策与 SO_2 排放量之间的系数不显著。结果表明，在市场化程度较高的南方地区，脱硫电价补贴政策表现较好。

东西部地区经济发展水平不平衡是中国经济发展中长期存在的问题。经济发展水平的差异也可能导致脱硫电价补贴政策实施的地区差异。脱硫电价补贴是政府对企业的环保行为进行补贴，以达到减排目的。政府补贴的效果因补贴的相对价值而异（毛其淋和许家云，2015）。并且，脱硫电价补贴政策的补贴标准是统一的。然而，由于中国区域发展的差异，相同补贴率的效果可能因经济发展水平不同而不同。同样的补贴在较富裕地区的价值可能相对较低，因此政策强度可能较小。表 5.11 和表 5.12 根据国家统计局给出的经济区域分类标准，衡量了脱硫电价补贴政策在不同经济水平区域的效果。表 5.11 的被解释变量为 SO_2 去除量。表 5.12 的被解释变量为 SO_2 去除率。结果表明，脱硫电价补贴政策的效果西部最大，中部次之，东部第三，东北地区最小，且不显著。中国东北地区的政策效应不显著的原因可能是缺乏投资和创新（魏后凯，2017）。脱硫电价补贴政策的 SO_2 减排效果在经济较发达的东部地区影响较小，但是处在快速发展期的西部和中部地区的激励相对更大。

表 5.11　各地区异质性分析（SO_2 排放量）

变量	SO_2 排放量							
	东部		西部		中部		东北	
	(1)	(2)	(3)	(4)	(5)	(6)	(7)	(8)
模型 1：整个样本期的政策效应								
脱硫电价补贴政策	0.033**	0.048***	0.064***	0.065***	0.051***	0.045**	0.026	0.028
×火电厂规模	(2.53)	(3.47)	(4.43)	(3.78)	(3.01)	(2.05)	(1.51)	(1.04)
观测值	948	937	1188	1120	612	597	363	359
调整后 R^2	0.76	0.78	0.80	0.83	0.82	0.83	0.78	0.80

续表

变量	SO$_2$ 排放量							
	东部		西部		中部		东北	
	(1)	(2)	(3)	(4)	(5)	(6)	(7)	(8)
模型2：仅对新建火电厂的政策效应（2003~2006年）								
脱硫电价补贴政策	0.010	0.016	0.006	−0.001	−0.009	−0.009	−0.007	−0.003
×火电厂规模	(0.44)	(0.85)	(0.45)	(−0.03)	(−0.35)	(−0.38)	(−0.72)	(−0.25)
观测值	321	321	301	301	196	196	131	131
调整后 R^2	0.80	0.82	0.89	0.91	0.92	0.93	0.95	0.96
模型3：政策第二阶段的效应（2003~2013年）								
脱硫电价补贴政策	0.157***	0.239***	0.277***	0.341***	0.288***	0.360***	0.231*	0.214
×火电厂规模	(2.80)	(3.34)	(4.17)	(3.87)	(3.83)	(3.15)	(1.69)	(1.53)
观测值	897	897	836	836	547	547	348	348
调整后 R^2	0.77	0.79	0.78	0.82	0.82	0.84	0.79	0.80
时间固定效应	是	是	是	是	是	是	是	是
城市固定效应	是	是	是	是	是	是	是	是
年份-省（区、市）固定效应	否	是	否	是	否	是	否	是
控制变量	是	是	是	是	是	是	是	是

注：括号中为聚类到城市层面的稳健标准误，东部地区、中部地区、西部地区和东北地区的划分与《中华人民共和国2023年国民经济和社会发展统计公报》一致

***、**、*分别表示在1%、5%和10%的水平上显著

表 5.12　各地区异质性分析（SO$_2$ 去除率）

变量	SO$_2$ 去除率							
	东部		西部		中部		东北部	
	(1)	(2)	(3)	(4)	(5)	(6)	(7)	(8)
模型1：整个样本期的政策效应								
脱硫电价补贴政策	0.008***	0.010***	0.011***	0.011***	0.009***	0.008**	−0.000	0.001
×火电厂规模	(3.31)	(3.61)	(5.03)	(4.58)	(2.92)	(2.03)	(−0.22)	(0.24)
观测值	953	942	1195	1127	614	599	367	363
调整后 R^2	0.68	0.72	0.64	0.71	0.74	0.76	0.74	0.75
模型2：仅对新建火电厂的政策效应（2003~2006年）								
脱硫电价补贴政策	0.002	0.003	0.001	−0.001	0.000	−0.009	0.000	0.001
×火电厂规模	(0.63)	(0.88)	(0.38)	(−0.21)	(0.29)	(−0.38)	(0.04)	(0.44)
观测值	326	326	301	301	196	196	131	131
调整后 R^2	0.65	0.69	0.81	0.84	0.92	0.93	0.89	0.91

续表

变量	SO₂ 去除率							
	东部		西部		中部		东北部	
	(1)	(2)	(3)	(4)	(5)	(6)	(7)	(8)
模型 3：政策第二阶段的效应（2003～2013 年）								
脱硫电价补贴政策 ×火电厂规模	0.038***	0.050***	0.046***	0.063***	0.050***	0.061***	0.018	0.016
	(3.05)	(4.41)	(4.40)	(4.70)	(4.22)	(3.49)	(1.11)	(0.95)
观测值	901	901	837	837	547	547	352	352
调整后 R^2	0.70	0.74	0.69	0.75	0.76	0.78	0.75	0.76
时间固定效应	是	是	是	是	是	是	是	是
城市固定效应	是	是	是	是	是	是	是	是
年份-省（区、市）固定效应	否	是	否	是	否	是	否	是
控制变量	是	是	是	是	是	是	是	是

注：括号中为聚类到城市层面的稳健标准误，东部地区、中部地区、西部地区和东北地区的划分与《中华人民共和国 2023 年国民经济和社会发展统计公报》一致

***、**分别表示在 1%、5%的水平上显著

第四节　本 章 小 结

本章分析了我国市场激励型环境规制政策对 SO₂ 减排的影响，使用 2003～2013 年中国 288 个地级市的火电厂和 SO₂ 排放量实证检验脱硫电价补贴政策对中国城市 SO₂ 减排的影响。得出以下结论。

（1）脱硫电价补贴政策与 SO₂ 减排之间存在显著的因果关系，脱硫电价补贴在大气污染治理方面发挥了重要作用。动态估计的结果表明，2005 年后，脱硫电价补贴政策的影响随着时间的推移逐渐增大。随着时间的推移，这种影响呈上升趋势，这表明脱硫电价补贴政策并没有随着时间的推移而减弱，反而通过一个持续的积累过程显著增强。

（2）脱硫电价补贴政策的 SO₂ 减排效果还受到市场化水平和经济发展水平的影响。脱硫电价补贴政策在市场化程度较高的南方地区和欠发达的中西部地区的 SO₂ 减排效果较好。

本章提出的政策建议是，中国政府应继续加强实施脱硫电价补贴的力度，在实施过程中应注意政策的效果和持续时间。同时，应根据火电厂的反应制定相应的措施。但是，以下几点需要重点关注。

（1）不同规模的企业面临的环境规制力度不同，生产规模大、能源消费量大、污染排放量大的企业可能成为能源消费清洁化的重点对象，面临更严格的环境规制。

（2）不同城市的火电厂产量不同，为了制定更广泛适用的政策措施，有必要评估政策对不同地区不同城市的影响。这是为制定政策提供经验支持所必需的。

第六章　中国能源消费结构转型与经济高质量发展的政策建议

在长期的经济发展进程中，中国形成了以煤炭消费为主的能源消费结构，随着经济快速发展，第三产业在国民经济中的占比逐渐增加，煤炭消费占能源消费总量的比例不断下降，而包括天然气在内的清洁能源消费所占比例则不断攀升。尽管煤炭消费占比不断下降，我国却一直以煤炭作为主要消费能源，这主要是由我国丰富的煤炭资源禀赋所决定的。煤炭资源作为高污染、高碳排放的不可再生能源，其大量消耗无疑会导致碳排放量上升和污染物排放增加，不利于社会绿色、低碳、可持续发展。为了促进能源消费结构向绿色低碳化转型，国家和政府应当制定能源长期发展战略，控制能源消费总量和消费强度，完善发展经济政策体制，推动能源技术创新，建立健全监督评价体系，以推动能源消费结构优化。结合中国能源消费结构特点和问题剖析，本章提出了促进中国能源消费结构绿色低碳化转型的政策建议：①推动化石能源绿色低碳可持续利用；②促进清洁能源产业蓬勃发展；③推动产业结构与能源消费结构协同发展；④树立勤俭节约的消费观念。

第一节　中国能源消费结构的问题剖析及原因追溯

一、中国能源消费结构的问题剖析

自新中国成立以来，我国的能源消费始终以煤炭消费为主。《中国统计年鉴》数据显示，1957 年煤炭消费占我国能源消费总量的 92.3%，而到了 2020年煤炭消费占比为 56.8%，煤炭消费占比不断下降。随着经济建设和社会发展，石油消费和清洁能源消费逐步取代煤炭消费，根据国民经济和社会发展统计公报，近年来天然气、水电、核电、风电、太阳能发电等清洁能源消费量占比逐年增加，2021 年达到能源消费总量的 25.5%，比上一年增加 1.2 个百分点。然而当前我国的能源消费仍旧以煤炭消费为主，煤炭消费仍保持在能源消费总量的一半以上。为实现经济高质量发展、推进生态文明建设，我国需要推进能源消费结构的清洁化，以减轻能源消费过程所产生的环境污染，并实现经济社会发展的绿色转型。

（一）能源消费结构与低碳发展之间的矛盾

低碳经济是以可持续发展为基本理念，通过技术、行政等多种手段减少高能源消耗、降低温室气体排放，在保护生态环境的条件下进行经济发展的状态（徐峰，2022）。近年来，为了应对气候变化带来的严峻挑战，低碳经济逐渐成为国际社会提倡的经济发展方式。降低 CO_2 排放量、减少温室气体排放成为生态文明建设的重要内容。政府间气候变化专门委员会（Intergovernmental Panel on Climate Change，IPCC）所发布的第六次评估报告的调查结果显示，由于气温升高和干旱，全球四分之一的自然土地现在出现了更长的火灾季节。报告提出，气候变化在陆地、淡水等各大生态系统中造成了巨大的破坏，其造成的损失越发不可逆转。在这种情况下，能源消费与低碳发展之间存在的矛盾越发显著，减少碳排放成为亟待解决的重要问题。

为了优化减少碳排放的政策方法，学者对能源消费与碳排放进行了深入研究。21 世纪初，Wang 等（2005）运用对数平均迪氏指数（logarithmic mean Divisia index，LMDI）法对 1957～2000 年中国能源消费产生的 CO_2 排放总量进行研究，结果表明提高能源利用效率、增加可再生能源的消费量使得中国 CO_2 排放量大幅减少。董军和张旭（2010）采用指标分解分析法对 1995 年至 2007 年的工业部门能源消费量与 CO_2 排放量进行研究，具体分析能源消费结构、能源消耗强度、能源排放强度和产出规模对中国工业部门能源消费产生的 CO_2 排放量的影响，结果说明工业部门能源消费增加导致中国 CO_2 排放量大量增加，工业部门能源消费强度对碳排放呈现出负面影响。Schipper 等（2001）采用适应性权重迪氏（adaptive weighting Divisia，AWD）分解分析法对国际能源机构（International Energy Agency，IEA）中 13 个国家的碳排放量的变化趋势进行分析，发现能源消费结构和能源消耗强度对碳排放强度的影响较大。Fan 等（2007）对 1980 年至 2003 年中国 CO_2 排放强度进行研究，结果表明，降低碳排放的相关政策不仅需要关注能源消耗强度，还需要关注能源消费结构的变化。

　　能源消费结构变化对中国碳排放量变化具有一定影响。经相关实证研究发现，减少煤炭等化石能源的消费量有助于降低碳排放量。我国以煤炭消费为主的能源消费结构在减少碳排放方面仍有很大的改善空间，降低化石能源消费占比、不断增加清洁能源消费占比是改善我国能源消费结构的主要方向，是减少碳排放量的重要举措。

（二）能源消费结构与绿色发展之间的矛盾

　　以化石能源为主的能源消费结构不利于实现绿色发展。对煤炭的大量依赖引发了能源的过度开采现象，而煤炭等化石能源的过度开采导致了地表塌陷和地下水污染等生态环境问题（王慧和宋建民，2000），推进能源结构优化调整势在必行。另外，大气污染与能源消费有直接关系，Akhmat 等（2014）选择了 35 个工业发达国家和地区（包括欧盟、七国集团和其他相关国家），采用协整分析方法研究了 1975～2012 年能源（如石油、天然气和煤炭等化石燃料）消耗与 NO 和 SO_2 排放的关系，发现能源消耗与大气污染呈明显的正相关关系。我国以煤炭消费为主的能源消费结构是造成烟尘、SO_2 和氮氧化物等大气污染的主要原因（韩明霞和李华民，2006）。冷艳丽和杜思正（2016）利用省级面板数据验证了我国煤炭消费与 $PM_{2.5}$ 之间的定量关系，明确了煤炭燃烧直接促进 $PM_{2.5}$ 浓度的上升，导致我国出现大气污染。还有研究发现不同煤炭消费占比对雾霾产生的影响存在差异（东童童，2019）。以煤为主的化石燃料消耗导致我国 CO_2、SO_2、NO 等主要大气污染颗粒物排放量较大（Jin et al.，2016），同时，Shahzad 和 Yousaf（2017）的研究表明煤炭燃烧会加重酸雨和大气污染，这是造成全球变暖的主要原因。

　　可以说，我国以煤炭消费为主的能源消费结构对大气污染产生了直接影响，能源消费与环境污染关系密切且复杂（庄汝龙和宓科娜，2022），煤炭消费对我国的环境污染产生了巨大的影响。我国清洁能源消费占比不断攀升、煤炭消费占比不断下降，能源结构清洁化水平持续提高，能源消费结构与绿色发展之间的矛盾不断得到解决，这对我国实现经济社会发展绿色转型、推进生态文明建设具有重要意义。

（三）能源消费结构与可持续发展之间的矛盾

可持续发展是指实现对自然资源的合理开发利用，建立现代化的生产生活方式，取得经济发展与生态保护之间的平衡，满足后代人发展的需要。可持续发展可分为三个方面：一是人与自然和谐共存；二是代际的平等发展权；三是发展过程中公平与效率的衡量。可持续发展的基础是经济增长，可持续发展的目标是发展，可持续发展的过程是可持续，以经济增长助推社会发展，以社会发展保障经济增长。在经济发展的过程中，综合考虑能源资源的消耗强度和生态环境的承载力度，不能超出能源资源的开发限度，不能让生态环境走向不可修复的境地。能源资源和生态环境为可持续发展提供外部条件，可持续发展以能源资源的有效利用和生态环境的保护作为发展目标。

可持续发展的研究最早可以追溯到增长极限的研究。美国地质学家哈伯特（Hubbert）首次提出了石油产量峰值理论，即不可再生资源的产量都是从零开始呈现指数级增长，到达峰值后开始下降直至消耗殆尽，并预测美国石油将在 1966～1971 年达到峰值（Hubbert，1949）。随后，大量关于峰值的研究涌现，对石油、天然气和煤炭出现峰值的时间进行预测。1972 年罗马俱乐部发表《增长的极限》这一报告，首次提出增长极限这一观点，提出地球的资源是有限的，对社会工业发展中资源利用模式提出了警告（Meadows et al.，1972）。能源产量峰值的相关研究说明了能源使用的周期规律，并预测了能源枯竭的时期。面对化石能源的快速消耗，能源的可持续利用研究亟须提上日程。我国以煤炭等化石能源消费为主的能源消费结构引起了众多学者对中国可持续发展的关注。朱岳年等（1999）关注了 20 世纪 80 年代以来我国北方城市的大气污染问题，并对能源工业的可持续发展进行了深刻的思考。刘庆志（2006）以中国煤炭资源实际情况为基础，说明煤炭能源可持续利用的含义，提出了煤炭资源可持续利用承载力及其计算模型。Gao（2012）分析了中国煤炭行业的可持续发展机制，并提出了相应的可持续发展模式。

我国对煤炭的长期消耗主要依赖于我国丰富的煤炭资源。然而，煤炭等化石能源属于不可再生资源，煤炭的大量消费将会使得我国丰富的煤炭资源逐渐减少直至资源枯竭，这一点使得我国以煤炭消费为主的能源消费结构不能长期延续下去，不利于能源和经济的可持续发展，同时会威胁到我国的能源安全。因此，政府应当在不可再生能源尚且有余的情况下，及时研究能源的可持续利用问题，保证经济的可持续发展。

二、中国能源消费结构出现问题的原因追溯

中国丰富的煤炭资源是国家长期以煤炭消费为主的禀赋基础，较低的煤炭价格进一步促进了煤炭资源的消费，而限制能源消费结构的优化以及产生生态破坏和环境污染等一系列问题可以归因于改革开放前期我国粗放式的经济增长模式导致的能源浪费和煤炭资源利用效率低。

（一）中国煤炭资源禀赋

我国煤炭资源储量丰富，煤炭资源地质总储量为 50 592 亿吨。富煤贫油少气是我国的国情，决定了我国能源消费长期以煤炭为主。据国家统计局数据，2022 年我国煤炭消费量达到 30.40 亿吨，煤炭消费量自 2016 年以来持续上涨，工业废水、氮氧化物、SO_2 排放以及煤灰炉渣等废弃物处理工作加重，节能减排的任务愈加艰难。中国煤炭资源品种齐全，其中褐煤占 13%，烟煤占 75%，无烟煤占 12%。褐煤和烟煤是属于污染程度较高的品种，褐煤的煤化程度较低，燃烧时会产生大量的黑灰，需要经过洗煤处理和提炼；烟煤的煤化程度处于中等，发热量较高，仅次于无烟煤，燃烧时会产生黑烟，因此污染程度较高。我国煤炭资源大部分是污染较高的烟煤，因此在使用煤炭作为能源时污染物排放较高，容易产生雾霾天气。从地域分布来看，我国的煤炭资源大多分布在西部地区，陕西、山西以及内蒙古西部地区的煤炭储量最为丰富。我国经济发达地区多分布于东部地区，工业聚集，煤炭需求量较大，"西煤东运"不仅增加了额外的运输成本，还增加了运输过程中的 CO_2 和污染物排放，进一步阻碍了绿色低碳发展。另外，硫含量高的煤炭资源主要分布在南方地区，而北方地区的煤炭资源硫含量较低，大量燃烧高硫煤导致 SO_2 排放量增加，容易造成酸雨，因此南方的酸雨危害常常要多于北方地区。

21 世纪以来，工业化、市场化进程加快，2002 年政府实行煤炭资源市场化定价，再加上对外开放进一步放开，随着国内煤炭资源需求量大幅上涨，煤炭进口量大量增长。至 2009 年我国煤炭资源进口量远超出口量，成为煤炭

资源净进口国家，煤炭净进口量达到 1.03 亿吨，此后，中国保持煤炭净进口，进口量持续增加，根据海关总署数据，2021 年我国煤炭进口量达 3.2 亿吨，比 2020 年增长 6.6%；出口量达 260.0 万吨，比 2020 年降低 18.4%。我国煤炭资源储量西多东少，因此，浙江、江苏以及两广地区等东部地区的煤炭消费主要依赖进口。煤炭资源作为我国的主要能源，其对外依存度越高，我国面临的煤炭资源安全问题就越严重。为了防止能源短缺问题，必须加快推进新能源产业发展。

（二）煤炭资源利用效率低

新中国成立初期生产力水平低下，政府实行计划经济集中统一管理。为了解放和发展生产力，国家开始进行社会主义工业化建设，1953 年开始实施"一五"计划，优先发展重工业。当时中国实行粗放式经济增长模式，能源利用率低，为了提高和发展生产力，环境保护让渡于经济增长，环境规制力度较低，煤炭资源浪费严重，再加之当时的生产技术低下，煤炭资源利用率低，对生态环境造成一定破坏。改革开放以来，生产速度提升，能源浪费和环境破坏现象凸显，促使国家加强环境规制政策，减少资源浪费。1997 年国家颁布《中华人民共和国节约能源法》，实施能源节约与能源开发并举，把能源节约放在首位的方针。随着 2002 年煤炭价格完全市场化，煤炭资源配置进一步优化，进一步避免了资源大量浪费。根据《中国统计年鉴》数据，2015 年至 2019 年，每万元 GDP 产出情况下中国能源消费量逐年下降，说明中国能源利用效率逐年提高；而近年来中国能源加工转换效率基本在 73% 上下波动，每年的能源加工转换损失随着能源消费总量的增加而加大，说明能源加工转换效率仍有提升潜力，能源加工技术有待进一步升级。

目前，我国煤炭资源的利用主要分为集中用煤和散煤消费两大类。集中用煤包括发电和采暖、冶金、建材和化工。散煤消费主要是指其他消费，如居家消费。中国每年消费约 38 亿吨煤炭，其中电力工业约占总量的 50%，不仅远低于美国的 93%，而且远低于世界平均水平的 78%。在煤炭资源利用中，散煤燃烧效率最低，许多燃煤锅炉的燃烧效率并未达标，常常会排放大量 CO 和 SO_2。集中用煤消费和散煤消费治理都是煤炭消费治理的重要组成部分，必须持续推进集中用煤清洁化、散煤消费加速退出，实现两者的协同发展，最终建立起清洁高效可持续的能源体系。

（三）产业能源消费结构失衡

在产业能源消费结构中，工业能源消费在能源总消费中的占比超过一半。《中国统计年鉴》数据显示，2019 年工业能源消费占总能源消费量的66.16%，交通运输、仓储和邮政业能源消费占比 9.01%，在产业能源消费中名列前茅。近年来，第三产业占国民经济比重不断增加，逐渐超过第二产业，占据国民经济的主要地位，这表明我国产业结构不断升级。2019 年第三产业能源消费仅占比 17.46%，这说明我国产业能源消费结构是以工业能源消费为主导，工业的能源消耗依赖严重，产业能源消费结构不稳定，制造业等工业略微波动便容易导致能源消费总量和结构的剧烈变化，不利于产业结构和产业能源结构的改善发展。工业集中了我国大部分能源消费，当国内受到经济危机的外来冲击时，工业部门受到冲击会直接导致能源消费结构产生剧烈波动，能源消费不稳定，进一步阻碍经济增长和产业升级调整，阻碍绿色低碳经济持续发展。

第二节　中国能源消费结构的优化路径

为了促进绿色低碳发展，中国能源消费结构需要不断优化升级。在未来较长时期，我国仍将以煤炭资源作为主要消费能源，一方面是在现有能源技术水平下，我国目前无法以合适的成本将化石能源完全替换为可再生能源，另一方面是煤炭资源主要供能于基础工业，我国工业体系庞大，在石油、天然气等资源匮乏的条件下，其他能源暂时没有足够的产能来支撑中国工业发展，国家仍需要煤炭资源作为主要的能源。为了优化能源消费结构，统筹推进"五位一体"总体布局和协调推进"四个全面"战略布局，推动能源政策体制改革，一方面要促进煤炭资源可持续利用，推动工业绿色低碳发展，促进产业结构与能源结构共同优化调整，另一方面要发展清洁能源绿色产业，加快形成以煤炭资源为基础、新能源和可再生能源等多种能源多轮驱动、协调发展的能源供应关系。

从制度层面来看，中国应从国家层面改善能源政策体制的顶层设计，根据国家能源生产与消费的实际情况，制定长期优化能源消费结构的能源发展战略，把握能源消费结构优化的大方向，确立每个阶段的阶段目标，分阶段逐步调整能源消费结构。各地方政府应当按照发展战略要求自行制定区域能源消费结构优化规划，自上而下完善能源政策体制，统筹兼顾能源发展目标与经济利益。设立独立的能源管理机构实行能源政策，负责能源行政管理工作。建立健全中央至各地方的能源监督体系，监督能源政策实施情况，并建立能源政策评价体系，对能源政策效果进行评价。

一、控制能源消费总量和消费强度

制定长期能源消费优化战略，确立控制能源消费总量和能源消费强度的总体目标和阶段性目标，是实行能源消费结构优化的首要步骤，积极稳妥推进碳达峰碳中和。制定能源消费结构优化评价指标体系，设立具体评价指标以衡量能源政策效果，及时确认能源发展实际情况并作出相应调整。

控制能源消费总量和能源消费强度，在经济保持正常增长速度的同时限制能源消费总量。为了促进经济绿色低碳发展，依据我国以煤炭消费为主的能源消费结构，应当重点限制煤炭资源消费量，不断提高太阳能、核能等清洁能源消费占比，降低化石能源的消费占比。然而，结合我国"富煤、贫油、少气"的实际资源禀赋，以及考虑到当前可再生能源的生产成本和产能，在未来一段时期内，煤炭资源仍然是我国主要的消费能源。通过鼓励高能耗产业加大化石能源加工转换的技术创新是控制能源消费总量的有效举措，技术创新能够提高化石能源利用效率，减少能源加工损耗，间接降低能源消费量。同时，当清洁能源生产技术得到大幅革新，清洁能源生产成本大幅降低时，清洁能源将成为主要的消费能源，减碳目标环境约束减缓，能源消费总量的限制也将大幅减弱。因此，为了促进绿色低碳经济发展，加大清洁能源生产技术的研发投入也是十分重要的举措之一。另外，政府可以综合运用行政手段和经济手段，适当提高高能耗产业的碳排放和污染物排放标准，同时建立碳排放和污染物排放交易市场，构建用能权制度，促使企业通过市场化手段补偿高能耗导致的碳排放和污染物排放，增加高能耗的生产成本，也能够使企业自行调整能源消费，从而控制能源消费总量。

二、完善发展能源政策制度

统一部门间与地区间的目标与责任，建立健全能源政策制度体系，完善能源消费相关制度，推动能源供给改革，为促进能源消费结构优化提供基本框架。为了保证绿色低碳经济的发展，政府应当完善能源输送和储备网络，升级完善城乡基础建设，优化能源生产结构，构建绿色低碳能源生产体系。

从制度方面来看，政府应当统筹一系列能源政策，统一各部门和各地方的目标与责任，完善能源政策制度体系，如深化创新减排制度与绿色财税金融体系。首先，提高碳排放和污染物排放的标准，重点针对造纸、印染、化工等高污染行业，严格排查工业污染源排放，全面推进污染物防治。实现碳排放交易市场制度的发展创新，一方面，进一步合理分配碳排放权配额，完善碳排放权交易市场机制，对碳排放权交易产品进行创新等；另一方面，推动碳排放权交易市场信息化，完善交易市场的信息机制。其次，完善绿色财政制度，建立绿色公共支出、环境保护税收以及碳减排税收优惠在内的绿色财政体系，推进绿色投资等创新金融政策，逐步完善绿色金融体系建设。同时，提高绿色金融制度的信息化水平，与碳排放权交易市场制度、碳减排制度实现数据共享，实现绿色减排的全方位链接，加快市场内资金流动，促进绿色低碳经济发展。

从法律方面来看，国家仍需进一步完善能源法律体系，依据先进、科学的学术理论研究，基于国家实际情况和实践经验，在不断推进能源政策改革的同时健全能源法律法规，及时修订落后于实践经验的规定，在平衡好经济增长与环境保护的同时增强能源法律法规的有效性和权威性，进一步出台相关实施细则，有效处理能源资源消耗和能源安全问题，防范能源相关的经济、社会风险。

三、推动能源技术创新

推广能源技术研发和创新能够直接促进能源消费结构优化。推动能源加工转换技术的升级，提升产业部门能源利用技术，有利于降低能源转换损失、提高能源的利用效率，有益于能源的高效利用，促进能源的可持续利用；推动化石能源利用技术向清洁生产方向改进能够极大地改善碳排放和污染物排放，促进环境保护和经济发展的统筹兼顾；推广清洁能源生产技术有利于加快清洁能源替代化石能源，提高能源消费结构优化速度，推动经济社会向绿色低碳化转型；进一步突破可再生能源技术能够直接推动能源的可持续利用，促进经济可持续发展。

波特假说认为环境规制政策推动企业进行技术创新（Porter，1991），环境规制政策通过增加企业污染治理成本，推动企业转变高污染、高排放的生产经营模式，进而推动地区产业结构调整升级。因此，一方面，政府可以通过实行环境规制政策促使企业进行技术创新，不仅有利于能源绿色低碳利用，还能促进产业结构升级；另一方面，政府还应当不断加大能源技术研发投资，为技术密集型企业以及高校等研究机构提供补贴，支持能源技术的创新发展，鼓励能源技术的进一步改善和升级，推广和普及高效技术的应用，加大对新兴可再生能源技术的研发力度。另外，除了推动能源技术创新之外，积极稳妥推进碳达峰碳中和还可以借助碳捕获利用与封存（carbon capture utilization and storage，CCUS）技术，对排放的 CO_2 进行回收，通过一系列转化实现 CO_2 的零排放。2022 年，《国家发展改革委 国家能源局关于完善能源绿色低碳转型体制机制和政策措施的意见》提出"完善火电领域二氧化碳捕集利用与封存技术研发和试验示范项目支持政策"，推动了 CCUS 产业的发展。目前，我国 CCUS 技术正处于工业化示范阶段，其中关键核心技术仍落后于国际先进水平，需要专业技术研究人才进行进一步的研发，以尽快提高相关技术水平，助力积极稳妥推进碳达峰碳中和。

四、建立健全监督评价体系

为了实现能源发展战略的总体目标，维护能源消费秩序，政府需要建立健全监督评价体系，在中央及地方设立独立的监督机构，制定明确的监督机制以及指标评价标准，增强能源政策实施的监测、预警、控制，强化监督约束力，确保各部门各地方严格承担相应责任，按照战略规划执行工作任务。

建立健全高能耗行业能耗监测和统计系统，提升信息化监测水平。政府要提高在线实时监测能力，以准确获得重点行业能源消费的实时数据。政府还可以通过提高碳排放和污染物排放的监测统计能力来监督能源消费的碳排放和污染排放，控制能源消费结构向绿色低碳化转型。政府要建立完善环境监控系统，扩大碳排放和污染物排放的监测范围；制定碳排放和污染物排放的国家限制标准和工程建设标准，建立重点企业的碳污排放评价指标体系，提高监测预警水平，加强碳污排放源头预防作用。加强碳污排放全过程的执法监督检查，控制污染物排放，以此约束高污染能源的消费，形成比较完善的能源安全保障。

第三节　促进中国能源消费结构绿色低碳化转型政策建议

我国长期保持以煤炭消费为主的能源消费结构，结合本章第一节提出的我国能源消费结构存在的问题，基于能源消费结构的优化路径指导，本节主要围绕煤炭等化石能源消费以及清洁能源消费，针对中国能源消费结构绿色低碳化转型提出具体的政策建议，为经济社会绿色低碳化发展提供思考方向。

一、推动化石能源绿色低碳可持续利用

（一）进一步促进煤炭高效清洁利用

我国煤炭资源生产产能结构需要进一步改善。我国煤炭资源开采利用率较低，煤矿开采、洗选、提炼等一系列生产加工环节的技术水平仍有待改进，煤炭冶炼行业还存在较大的节能减排空间。我国储藏的煤炭资源主要是污染物排放较高的烟煤，煤炭资源结构性不足与煤矿开采产能过剩并存，导致煤炭资源生产环节利用率不高，存在高污染、高能耗的落后生产产能。2020年全国煤矿数量锐减，淘汰了部分煤炭生产环节的过剩产能，然而煤炭资源开采的落后产能依然存在而优质产能不足，因此政府应当在煤炭资源生产环节淘汰落后产能，增加优质产能，实现煤矿业去产能的统筹规划，关闭高能耗、高污染的小型煤矿矿井，对具有规模效应的大型矿井加快智能化、信息化建设，改善煤炭资源生产产能质量结构。

我国燃煤发电效率需要进一步提升。我国大部分燃煤发电系统较为落后，煤炭资源利用效率低，一定程度上造成了煤炭资源浪费。对于燃煤发电系统，一是要加快煤电机组的升级改造，积极推广超临界技术等先进发电技

术，实现煤电机组的稳定运行，降低燃煤发电过程的污染物排放；二是继续探索煤电机组与间歇式发电的发展模式，不断提高煤电机组的发电效率，进一步推动燃煤发电系统改造升级，实现燃煤发电系统的高效清洁发展，加强煤炭发电过程的质量监督管理。另外，在以煤炭消费为主的高能耗、高污染行业，积极推广煤炭清洁生产和加工设备，推进煤炭消费行业向清洁高效的方向发展，推进煤炭消费向绿色低碳化转型。

推进能源消费结构优化，降低煤炭消费产生的碳排放，促进燃煤污染物的减碳工作。实施煤炭开发利用粉尘综合治理，限制高硫煤炭资源的开发。建立煤炭质量管理体系，加大力度自主创新，探索煤炭等化石能源消费向零碳排放方向发展。煤炭燃烧产生大量碳排放，占总体能源消费产生的碳排放的绝大部分。加大对 CCUS 等科技发展项目的投入，努力攻克 CO_2 捕获、利用与封存、运输等存在的技术难题，突破关键核心技术的研究瓶颈，实现燃煤污染物的"零碳排放"。促进能源循环利用，提高煤矸石、煤矿瓦斯等煤炭消费废弃物的综合利用水平。

（二）进一步改善散煤治理政策

针对散煤消费，我国在持续推进居民生活用煤退出，实施"煤改电""煤改气"等政策的同时，注重批发和零售业及住宿和餐饮业煤炭消费的治理，促进这些行业能源消费的清洁化和规范化。对于集中用煤消费而言，在控制火力发电用煤消费的同时，也应将控煤政策的着力点适当倾斜于工业用煤和供热用煤消费上，推动能源集中式和分布式双管齐下。因为集中用煤消费量在燃煤总量中占比较高，且短期波动对大气污染产生较大影响。因此，在短期应该降低集中用煤的消费量，加大对工业行业中高耗能部门的监管，并推进风能、太阳能、潮汐能等新能源的使用。鉴于集中用煤消费对中国大气污染影响的巨大效应，及其总量大、易治理的特点，转变能源消费结构、创新集中用煤使用技术、提升集中用煤使用效率、减少集中用煤消费应该成为未来控制煤炭消费的着力点。治理散煤要根据气候特点、资源禀赋、经济水平、消费习惯等诸多因素，坚持宜煤则煤、宜气则气、宜电则电、宜新则新的策略，科学施策，分步实施，坚持多能互补、能效最大、排污最小的原则，制定相应的散煤治理模式。由于散煤分布面较广、难监管的特点，且是大气污染的主要污染源，因此应该成为政府实施控煤政策的主要关注点。一方面要推进低灰、低硫等洁净型煤炭的使用，从源头上做好控制；另一方面要推广节能环保型燃煤炉具的使用，提高燃煤效率。同时要各地区结合各自资源特点，采用适宜的方式使电、天然气等洁净能源逐步代替燃煤。

二、促进清洁能源产业蓬勃发展

（一）提高清洁能源消费占比

提高清洁能源消费占比，逐步取代煤炭消费在能源消费结构中的位置。作为清洁能源之一，天然气燃烧时产生的 CO_2 少于其他化石能源，污染物排放较少。我国天然气资源稀少，因此，虽然天然气消费排放污染物较少，但其消费量仍不高。为了扩大天然气的消费量，政府推进"煤改气"工程，建设天然气发电项目，将天然气的使用推广到全国范围。除了天然气之外，清洁能源还包括太阳能、风能、水能、生物质能等排放清洁的能源。清洁能源转化为电能是清洁能源消费的主要形式，各类清洁能源的发电技术具有不同的特点，整体而言，清洁能源利用率较低，发电技术有待改善，太阳能等清洁能源成本较高，因此，清洁能源消费占比不高。为了推动清洁能源消费占比提高，政府应当因地制宜采用分布式和集中式结合使用的能源消费模式，鼓励清洁能源消费技术进一步升级，广泛创新生物质能等新能源的开发模式，提高清洁能源的经济效益。除此之外，还要积极发展核电能源，妥善选择核电厂址，保证核电项目安全有序展开。清洁能源电力定价机制需要进一步完善，完全使用市场价格机制会促使清洁能源电价与火力电价产生竞争，促进清洁能源的优化配置，但清洁能源发电成本价格差异较大，高成本会使得市场放弃太阳能等清洁能源发电，因此，清洁能源电价定价需要采用政府定价与市场成本定价相结合的方式。发电成本较高的太阳能电价根据成本价格定价需要提供额外补贴，而为了促进能源合理开发，水能与风能等清洁能源需要通过定价营造合适的竞争环境。

（二）完善清洁能源产业相关制度

为了提高清洁能源消费占比，不断壮大清洁能源产业发展，政府需要综合考虑清洁能源的发电技术特点，完善清洁能源产业相关的制度体系，健全鼓励清洁能源加快发展的产业政策和投资机制，制定税收优惠政策。鼓励清洁能源技术及成套设备研发，构建规模发展的技术支撑条件，科学开发生物质能，加快风能、太阳能等就近发展利用，因地制宜合理利用水能、海洋能等。国家应当加大对清洁能源电力开发的资金和技术支持，提高清洁能源供电的稳定性，推动清洁能源消费占比上升；构建技术创新体系，提供企业与科研单位进行技术协同合作的平台，加强科技成果的实践转化，促进清洁能源产业向规模化发展，推动清洁能源产业蓬勃发展。同时，政府应当建立清洁能源产业监管体系，维持公平的能源产业市场秩序，严禁市场垄断和恶意竞争的行为，为清洁能源产业发展提供制度保障。

三、推动产业结构与能源消费结构协同发展

（一）全面升级传统工业

我国传统工业占据了能源消费总量的主要部分，尤其是以煤炭资源为主的化石能源为传统工业发展提供了大量能量，而这也导致工业部门能源消耗高、碳排放高以及污染物排放高。对传统工业进行全面升级，首先要优化产业布局，深化管理系统，提高产业综合管理能力和控制能力，对生产要素进行合理配置，消除产业冗余，通过发展规模经济提高生产效率和能源利用效率；其次，对落后的产业基础设施和生产机械设备进行全面升级，通过技术创新全面改进能源利用技术和生产技术，改造现有工业产能，推动产业信息化、智能化建设，提高生产要素流动速度，淘汰高耗能的能源技术和落后的生产技术，提高能源利用效率，产业逐步向技术密集型、资本密集型产业靠拢，产业结构进一步深化，传统能源逐步被清洁能源替代，能源消费结构也逐步优化，向绿色低碳化转型。

（二）大力发展新能源产业

积极发展风能、太阳能、生物质能等新能源产业，加快陆地、海上风电系统技术研发，推进太阳能电池材料研发，促进生物质供热、农村沼气发展，利用垃圾发电等，因地制宜促进新能源产业发展。新能源产业发展坚持以现实问题为导向，加大技术投入，培养专业人才，积极攻克关键技术难题，提高技术创新能力，不断突破新能源产业的技术研发和应用，提高技术转化成

果，推广和普及新能源应用。凭借高新技术的引领作用，新能源产业将成为能耗排放低、质量效益好的增长极，带动其他产业进行能源消费改革，最终推动区域产业结构和能源消费结构协同优化调整。

（三）构建绿色低碳交通运输体系

当前交通运输主要依靠化石燃料供能，会排放 SO_2、氮氧化物等大量有害气体，容易产生大气污染，造成酸雨等危害。因此，要全面构建绿色低碳交通运输体系。推广公共交通，优化客运组织，加强自行车专用道和行人步道等城市慢行系统建设。鼓励客运等公共交通发挥规模效应，实行集约化经营，货物资源统一运输，提高城乡基础设施和能源的利用效率。大力发展多式联运，推进铁路运输、城市轨道交通运输和水运智能交通，减少公路长途运输。推广节能低碳型交通工具，积极发展新能源汽车产业，推动油、气、电多种能源供给，全面提升车船燃料消耗量限值标准，促使油品质量升级。积极进行现有码头岸电设施改造，淘汰高能耗高污染车船，促进船舶靠港使用岸电常态化。积极引导低碳出行，优化交通需求管理，提高交通运输系统整体效率和综合效益，促进能源利用率提高，有助于建设绿色低碳型社会。

（四）推动服务业发展

作为第三产业，服务业主要依靠电力供能，能源消费清洁排放。提高服务业占比有助于优化能源消费结构，凸显能源消耗低、产出价值高。推动生产性服务业集聚化、专业化，促进生活性服务业精细化、品牌化，进一步深化产业结构，引致服务业进一步增加清洁能源的使用。通过信息化手段，全面提升服务业终端能源消费智能化、高效化水平。推动服务业向智能化、数字化发展，促进产业向技术密集型靠拢，逐步发展智能家居、智能交通、智能物流，推动产业体系向集约化、高端化升级，发展智慧能源城市，实现能源消费结构清洁化、低碳化。大力发展低碳产业，培育线上能源消费交易市场，推进用能权、碳排放权、可再生能源配额等数字化交易。进一步，在服务业发展后向能源共享经济投资，严格按照绿色标准进行绿色低碳生产，实施绿色综合管理，加快传统产业绿色改造，部分能源消费得到解放，能源消费总量得到一定控制。

四、树立勤俭节约的消费观念

推广、宣传勤俭节约的消费观念，引导居民逐渐建立绿色低碳生活模式，有利于降低居民生活部门的能源消费，推动能源消费结构绿色低碳发展。

政府应当充分调动人民群众的积极性、主动性和创造性，宣传节能环保意识，运用多种形式、通过多种渠道大力倡导合理用能的生活方式和消费模式，引领大众的发展理念向绿色、低碳、可持续方向转变，促进形成勤俭节约的社会风尚。养成环保意识、生态意识，积极培育节约文化，牢固树立尊重自然、顺应自然、保护自然的理念，形成人与自然和谐发展的能源消费新格局。全面提高素质教育，发挥优秀榜样的示范带头作用，把节约高效作为重点内容，从家庭、社区到学校、企业，加强绿色消费宣传，处处开展绿色生活行动，提倡节约生活新方式。坚决抵制和反对各种形式的奢侈浪费、不合理消费，推动全民在衣食住行游等方面加快向文明绿色方式转变，有助于降低居民生活能源消费损耗。继续完善节能环保产品和新能源汽车推广应用扶持政策体系，对节能环保产品给予适当价格补贴，引导消费者购买各类节能环保低碳产品，促进绿色经济循环发展。另外，政府应当完善公众参与制度。健全举报、听证、舆论和公众监督制度，保障公众的知情权和监督权，增强公众参与程度，扩大信息公开范围，引导公众有序参与能源消费各环节。

第四节　中国能源消费结构转型助力经济高质量发展政策建议

能源是经济社会发展的基础和动力，对国家繁荣发展、人民生活改善和社会长治久安至关重要。中国在能源消费结构转型方面取得了一系列突破性进展，为经济高质量发展提供了有力支撑。为进一步助力经济高质量发展，本节针对中国能源消费结构转型提出具体的政策建议。

一、加快建立清洁低碳、安全高效的能源体系

当前，我国经济已由高速增长阶段转向高质量发展阶段，正处在转变发展方式、优化经济结构、转换增长动力的攻关期。加速能源清洁化、高效化

发展，可以引领经济社会综合效益的提升。构建清洁低碳、安全高效的现代能源体系，是促进经济高质量发展和增进民生福祉的必经之路。

第一，要全方位提升能源安全保障能力。我国是世界第一大能源生产国和消费国，能源生产和消费分别约占世界的五分之一和四分之一。确保能源安全可靠供应，是关系我国经济社会发展全局的重大战略问题。因此，要持续增强能源生产供应能力，提高自主保障水平，为推进中国经济高质量发展提供可靠动能。首先，可以通过加大国内油气勘探开发力度、提高储备水平、深化能源国际合作以及建立煤制油气产能和技术储备等途径，多措施并举增强油气供应保障能力。其次，可以在严格合理控制煤炭消费增长的前提下，发挥煤炭的主体能源作用，做好煤炭稳产稳供，加强产能和产品储备建设。最后，针对近年来频发的极端天气等自然灾害，全面完善能源应急预案体系。

第二，要加快能源供给侧结构性改革。推动能源供应由数量扩张向质量提升的方向转变，有利于促进能源清洁低碳高效利用。在促进能源供给侧结构性改革的过程中，除了加大政策支持和投入外，还应采取一系列措施，推动能源供应体系朝着多元化、灵活性和清洁化方向转型。首先，应该建立健全的能源市场体系，促进能源供需双方的平衡和协调。通过采取市场化手段，推动能源价格形成机制的改革，可以促进能源体系的低碳化和多元化，从而推动经济结构调整以适应能源结构的转变，并促进新兴能源产业的发展。同时，建立健全的价格调节机制可以保障能源资源的合理利用和供给的稳定性。此外，培育和催生供能用能新模式，发展智慧能源互联网，可以实现多能互补，提升能源利用效率。习近平提出的构建全球能源互联网①为实现能源转型提供了系统性解决方案，同时能够拉动经济增长，促进产能升级，助力经济高质量发展。其次，应该加强监管和规范，促进能源市场的公平竞争，为各类企业提供公平竞争的环境，防止垄断和不正当竞争现象的出现。这些举措将有助于提高能源供应的效率和质量，为实现经济可持续发展和能源安全提供坚实的基础。

第三，要打造清洁低碳能源消费体系。截至 2022 年末，煤炭能源消费占比已显著下降至 56.2%，清洁能源的消费占比则大幅增加至 25.9%。这表

---

① 《习近平在联合国发展峰会上的讲话》，https://www.gov.cn/xinwen/2015-09/27/content_2939377.htm[2024-08-01]。

明中国在新能源领域的发展取得了积极进展。要进一步开展重点行业领域能效提升行动，加快工业、建筑、交通等领域的电能替代，加强新能源汽车与电网融合互动。要持续扩大绿电消费，促进电力市场、绿证市场、碳市场有序衔接，做到绿证核发全覆盖。

第四，要增强能源治理效能。首先，要完善能源法律法规体系。在现有的电力法、煤炭法、可再生能源法等单行法的情况下，下一步要全力推进能源法制定工作，加快电力法、煤炭法、国家石油储备条例等的制修订。其次，要深化能源领域改革。要打造一流营商环境、不断解放和发展生产力。针对增量配电网、油气勘探开发、储气能力建设等领域市场化改革存在的难点堵点，要加大改革力度，充分激发市场主体活力，持续优化营商环境。

第五，要加强绿色低碳技术创新。巩固拓展新能源产业优势，推动大型风电、高效率光伏、光热等技术创新。优化能源科技创新机制，推动产学研用深度融合。为激励企业更加积极地参与绿色技术的创新，政府可以考虑实施如提供补助、减少税务负担等策略来降低其运营成本。但是，政府在制定相关政策时必须谨慎考虑补贴力度，以免增加政府负担并防范企业滥用绿色技术创新来谋取不当利益的风险。此外，绿色能源转型还需要大量的技术和管理人才的支持。因此，政府应该采取积极的人才引进政策，鼓励人才返乡，为地区的经济发展和能源消费结构转型提供充足的智力支持。

第六，要加强能源国际合作。近年来，我国以"一带一路"能源合作为重点，"引进来"与"走出去"同步发力，海外产能和资源合作成效显著，参与全球能源治理能力不断提高。首先，要继续推动"一带一路"能源合作发展，深入推进与主要能源资源国的务实合作，加强与周边国家能源基础设施互联互通，增强开放条件下的能源安全保障能力。其次，要积极参与全球能源治理体系改革和建设。加强与国际能源机构、国际可再生能源署、石油输出国组织等主要能源国际组织的交流合作。

二、完善国家能源战略和规划实施的协同推进机制

我国中东部地区能源消费量在全国占比超过 70%，但生产量占比不足30%，重要能源基地主要分布在西部地区。长期以来，形成了"西电东送、北煤南运、西气东输"的能源流向格局。能源行业应深入实施区域协调发展

战略，统筹生态保护和高质量发展，加强区域能源供需衔接，优化能源开发利用布局，提高资源配置效率。

政府应该明确区域合作补偿和利益协调机制，指导地方政府规划实施跨区域协调方案。在规划编制及实施中加强各能源品种之间、产业链上下游之间、区域之间的协同互济，整体提高能源绿色低碳转型和供应安全保障水平。首先，要加快西部地区清洁能源基地建设。西部地区化石能源和可再生能源资源较为丰富，要坚持走绿色低碳发展道路，把发展重心转移到清洁能源产业。其次，要提升中东部地区能源清洁低碳发展水平。以京津冀及周边地区、长三角地区、粤港澳大湾区等为重点，加快发展分布式新能源、沿海核电、海上风电等，提升本地能源自给能力。

政府要完善能源绿色低碳发展考核机制。重点监测评价各地区能耗强度、能源消费总量、非化石能源及可再生能源消费占比、能源消费碳排放系数等指标，评估能源绿色低碳转型相关机制、政策的执行情况和实际效果。鼓励各地区通过区域协作或开展可再生能源电力消纳量交易等方式，满足国家规定的可再生能源消费最低占比等指标要求。

政府要提升城乡能源普遍服务水平。聚焦满足人民生产生活电、气、冷、热等多样化用能需求，不断完善城市和农村的能源基础设施，努力推进农村的能源改革，以支持新型城镇化和乡村复兴的策略执行。

第七章　中国环境规制推动经济可持续发展的政策建议

第一节　中国环境规制的成本收益分析

平衡经济增长与环境保护是各级政府在制定环境规制政策时重点关注的问题。各类环境规制在带来环境收益的同时也伴随着不同程度的经济成本。本节通过梳理现有文献，总结中国各类环境规制政策的成本和收益。

一、成本

环境规制的成本可分为直接成本与间接成本两个维度。直接成本是指企业和社会为减少污染物排放所支出的经济成本，如购买减排设备、减少高污染的生产活动。间接成本则是指在环境规制下整个社会所承受的损失，如经济增速下降、投资减少、出口减少等。

（一）直接成本

面对环境规制，企业需要投入额外的劳动力与资本，以此减少污染物的排放，但是这些额外的生产投入在短期内并不直接贡献于企业产出。因此，严格的环境规制在短期内将导致企业生产率的下降。污染企业一般可以采取两类行动来减少污染物排放（Zhang et al.，2019）。首先，他们可以通过调整生产过程以减少产生的污染量。例如，污染企业可以简单地选择减少生产，或者用更清洁、更高效的设备取代原有的生产设备。其次，他们可以进行"末端"干预，即在生产过程的末端进行调整，通过清除生产过程中产生的污染物来减少排放到环境中的污染量。例如，为了减少管道末端的化学需氧量排放，工厂通常需要安装一个废水处理系统，包括曝气池、气浮装置和混凝沉淀池。上述的投资与调整在短期内都将导致污染企业全要素生产率的大幅下降。

以水污染环境规制为例，中国政府采取了基于目标的减排制度，以动员地方政府加大环保投入。例如，2001 年 3 月 15 日获批的《中华人民共和国国民经济和社会发展第十个五年计划纲要》要求到 2005 年，主要污染物排放总量比 2000 年减少 10%，工业用水重复利用率达到 60%。为了达到这些目标，中央政府向各省（区、市）提出了减排要求，各省（区、市）必须与中央政府签订责任合同，详细记录其减排计划和承诺。省级政府则向下辖地市分配减排任务，并将这些环境目标作为考核标准。同时，相关部门开始对大江大河和湖泊沿岸的监测站进行自动化改造，以提高数据质量。

在后续的"十一五"期间（2006～2010 年），中国政府持续发力水污染治理。2006 年 8 月，国务院批复《"十一五"期间全国主要污染物排放总量控制计划》，对化学需氧量、SO_2 两种主要污染物实行排放总量控制计划管理，明确了省级污染减排任务。一般来说，污染程度较高的省（区、市）和经济增长较快的省（区、市）承担了更多的减排任务。这一政策在减少污染物排放的同时，也伴随着显著的经济成本。2007 年，国务院印发《国家环境保护"十一五"规划》，对水污染治理提出了以下目标：到 2010 年，化学需氧量排放总量要从 2005 年的 1414 万吨下降到 1270 万吨（降幅约为 10.18%），不符合国家地表水质量标准的监测断面占比不超过 22%，七大水系国控断面好于III类的比例要超过 43%。"十一五"期间，化学需氧量和 SO_2 两种主要污染物的排放量均显著下降。与 2005 年相比，2010 年化学需氧量和 SO_2 排放总量分别下降 12.45%和 14.29%，均超额完成 10%的减排任务，这期间发生的环境污染治理投资总额则达到 17 356.9 亿元[①]。

（二）间接成本

除直接成本外，环境规制也会带来间接经济社会成本，现有研究从经济增长、投资、产业结构、经济效率等多个角度评估了此类间接成本。

以"两控区"政策为例，现有研究表明，"两控区"政策对就业的影响

① 《"十一五"成就报告：环境保护事业取得积极进展》，https://www.gov.cn/gzdt/2011-03/10/content_1821694.htm，2011 年 3 月 10 日。

不是均质的。该政策对酸雨控制区和 SO_2 控制区的经济发展、投资和就业带来了差异化影响（李斌等，2019）。此外，"两控区"政策对城市产业结构的影响在不同区域也呈现异质性（高雪莲等，2019）。

与"两控区"政策类似，其他环境规制政策也可能影响经济社会成本。张广来等（2022）以《关于大气污染防治重点城市限期达标工作的通知》的出台为准自然实验，研究了严格的大气污染防治政策的环境和经济影响，发现这一政策要求降低原煤使用量、加快城市能源结构调整，从而使得重点城市能源消耗总量平均减少了 9.9%。杨冕等（2022）基于 2001～2009 年中国工业企业数据库分析了《"十一五"期间全国主要污染物排放总量控制计划》对企业融资成本的影响，发现高污染企业的债务融资成本有所提高。在加速高污染企业退出、促进产业结构优化的同时，这一政策也为高污染企业的转型和现代化改造提供了外生动力。

二、收益

环境规制可以通过改善环境质量产生直接与间接的收益。环境规制的直接收益是指环境规制使生态环境改善所带来的健康收益，如大气中 SO_2 的减少。而在环境质量改善后，口罩、空气净化器等防护用品的消费量以及健康保险的需求量将会减少，即预防保健成本下降，这便是环境规制的间接收益。

（一）直接健康收益

良好的生态环境是人类生存发展的基本要素，恶劣的生态环境质量会极大地影响身心健康。因此，环境规制所带来的生态环境改善将使人们获取直接的健康收益。大量文献记载了环境污染对人类健康的负面影响。以大气污染为例，短时间暴露于大气污染物会导致肺功能下降、心律不齐、呼吸系统问题增加、非致命性心脏病发作和心绞痛，这些短期影响有可能导致工作时体力下降。对儿童来说，长期接触大气污染物会影响儿童的健康发育，引发消耗性疾病；对老年人来说，长期接触大气污染物则会恶化原有的慢性疾病，进而减少预期寿命。大气污染还会对心理健康产生一系列负面影响，包括降低认知能力、加大情绪波动、增加焦虑等。由于环境污染对身心健康的负面影响，人们愿意为环境规制带来的优质生态环境支付更高价格。例如，北京市政府 2013 年颁布《北京市 2013—2017 年加快压减燃煤和清洁能源建设工作方案》，将市内一系列燃煤电站转换为燃气电厂。这一政策改善了转产电站周边的空气质量，其中 PM_{10} 浓度下降了 4.9%，SO_2 浓度下降了 5.2%。该政策实施后，相较于非转产电厂，转产电厂附近的住房价格上涨了 11%，换言之，与非改造电厂附近的公寓楼相比，改造电厂附近的公寓楼价格平均每平方米上涨了 510 元（Mei et al.，2021）。

（二）间接支出收益

环境质量改善还会减少防护用品的消费量以及健康保险的需求量，降低预防保健成本。例如，中国城市居民会通过购买颗粒物过滤面罩以减少吸入大气污染物，且这种短期的大气污染规避行为具有动态性和非线性。在大气污染严重的时期，口罩的购买量会明显增加。具体来说，空气质量指数每提高 100，所有口罩的购买量就会增加 54.5%，具有 $PM_{2.5}$ 防范能力的口罩所对应的销售量则会增加 70.6%。这意味着，如果重污染天数（空气质量指数等于或大于 201）减少 10%，在中国仅口罩一项预防消费就可以节省约 1.87 亿美元（Zhang and Mu，2018）。此外，污染水平也对消费者购买或取消健康保险的行为有重大影响。日度大气污染水平每增加一个标准差便会导致当天售出的保险合同数量增加 7.2%，而在购买之后的免费取消期内，相对于订单日的取消数量，大气污染水平下降一个标准差便会使取消概率提高 4%（Chang et al.，2018）。

环境污染能够通过影响身心健康降低个人的体力与认知能力，进而影响企业生产率。环境质量提升将提高个人福利与企业产出，从而间接产生经济社会收益。长期的大气污染还会降低员工的出勤率，使企业被迫使用经验不足的新员工，这也降低了企业的产出。因此，环境污染可以通过生产力（集约边际）和劳动力供应（广延边际）影响产出。集约边际和广延边际的具体程度取决于特定的时空背景。例如，利用中国制造业调查数据与卫星数据发现，$PM_{2.5}$ 的生产力对污染弹性为 –0.44。在保持生产投入不变的情况下，$PM_{2.5}$ 浓度每提高 1% 会使单个企业产出平均减少 7400 美元（按 2021 年汇率，合 47 738.88 元），所有企业的年总产出平均减少 12 亿美元（约合 77.41 亿元）。企业需要通过雇佣更多的工人来部分抵消这一生产力损失，在考虑了生产力损失和额外雇佣的综合影响后，产出对污染的弹性为-0.17（Fu et al., 2021）。

第二节　中国环境规制推动经济可持续发展的表现

可持续发展是 20 世纪 80 年代提出的一个概念。1987 年世界环境与发展委员会在《我们共同的未来》报告中第一次阐述了可持续发展的概念，并得到了国际社会的广泛共识。基于该报告，可持续发展目前最常见的定义为：既满足现代人的需求，又不损害后代人满足自身需求的能力。换言之，便是指经济、社会、资源和环境协调发展，符合创新、协调、绿色、开放、共享的新发展理念，既要发展经济，又要使子孙后代能够永续发展和安居乐业。环境规制是促使经济主体采取环境保护行动的重要手段和工具，能够从不同渠道对可持续发展产生积极影响。基于波特假说框架，现有研究主要从绿色创新、产业转型与提高全要素生产率三个维度，分析并实证了环境规制推动经济可持续发展的重要作用。

一、绿色创新

环境规制影响绿色创新的相关研究一直是学术界的热点话题。波特假说认为，设计得当的环境规制能够实现创新补偿。在短期内，环境规制将增加企业的排污成本，促使企业将有限的资金投入环境治理项目中，降低企业的生产效率，削弱企业竞争力。在长期，环境规制要求的减少污染意味着提高资源利用率，让企业在复杂的竞争环境中选择创新之路。环境规制能够在成本端给予企业创新压力，在技术端给企业留出更多空间，有助于降低企业的遵从成本。首先，环境规制向企业发出信号，提示企业其生产经营中可能存在资源利用效率不高的情况，存在技术改进的空间。在中国，有些企业对污染物排放数量、资源浪费成本与危害等认识不足，在减少污染物、有害物排放方面经验不足。环境规制的到来将使得企业注意到上述领域中存在的创新可能。环境规制也加大了企业的外部压力，增加了企业创新动力。企业竞争力理论认为，外部压力能够帮助企业克服组织惰性，激发创新思维，促进企业进行创新活动。其次，环境规制改变了企业在环境领域投资的成本和收益，影响了企业的预期，可以驱动企业的绿色创新行为。环境规制让企业面对更多减排成本的同时，也向企业展现了政府进行环境保护的决心以及未来的政策方向，这会让企业意识到环境保护将长期影响自身受益，而长期的绿色创新行为对企业正常生产和短期利润的影响更小。最后，环境规制将使企业间的竞争更为规范公平，企业无法通过排放更多污染物降低生产成本，获取竞争优势，有利于引导企业在同样的清洁生产水平上竞争市场份额。例如，2018年实施的《中华人民共和国环境保护税法》使部分省（区、市）提高了应税污染物的征税标准，即提升了环境保护税税率，而使部分省（区、市）保持原有税率与之前排污收费标准不变。刘金科和肖翊阳（2022）发现，《中华人民共和国环境保护税法》实施后，相较于环保税率不变的地区以及清洁行业，环保税率提高了的地区内污染行业内企业的绿色创新显著提升，且这一创新提升主要发生在提升化石能源使用效率和降低末端污染物排放两个领域。

二、产业转型

产业转型升级是实现环境保护与经济可持续发展的关键路径，现有的研究多从环境政策效应视角，对环境规制与产业升级的关系进行了大量的研究。在波特假说的框架下，环境规制能够通过倒逼的方式推动产业调整，实现转型升级。从污染企业视角出发，环境规制会对高污染企业产生挤出效应，从而促进政策发生地的产业升级。严格的环境规制增加了企业的生产成本，如果生产成本过高，高污染企业便会向周围环境规制水平较低的国家或地区转移，即污染避难所假说。同时，严格的环境规制降低了高污染企业的利润率，促使高污染企业调整业务模式，转移高污染产能，减少整个行业的污染物排放。严格的环境规制还会对新进入政策发生地的企业进行筛选，阻碍高污染企业进入当地市场，即环境壁垒效应。相反，从清洁企业视角出发，随着环境规制趋于严格，清洁行业的利润相对于污染行业会逐渐升高，拉大不同行业之间的利润差异，促使生产要素向着利润更高的清洁行业流动。换言之，健全的环境保护体系能够引导资金向更绿色、更环保的领域流动和倾斜，最终实现保护和改善环境，减少污染物排放，推动产业绿色转型发展。例如，以长江流域的85个城市作为样本，罗知和齐博成（2021）发现《"十一五"期间全国主要污染物排放总量控制计划》的实施导致污染行业的非国有企业总产值平均下降22.3%，由此产生的产品供给缺口转移到了污染程度较低的企业，且这一影响会沿产业链传导到与其配套的上下游产业。此外，中央层面的环境规制也会对地方政府的行为产生影响。受到中央层面环境规制的影响，地方政府的行政政策会产生明确的倾向性，以期达到考核要求。地方政府会给予低污染、高产值的技术创新型企业更多优惠政策，如减税、研发补贴和土地优惠政策等，促进技术创新型企业发展，推动产业转型升级。余泳泽等（2020）整理了城市政府工作报告中公开的环境目标约束数据，从城市和企业两个维度实证检验了地方政府环境目标约束对产业转型升级的积极影响，且发现主动推行环境考核的干部会更积极地推动本地产业结构升级。

三、提高全要素生产率

经济可持续发展离不开全要素生产率提升，而针对环境规制对全要素生产率的影响，波特假说可分为弱波特假说与强波特假说。弱波特假说认为环境规制可以促进创新，但不一定能提升全要素生产率。强波特假说则认为环境规制能够提高企业全要素生产率（Jaffe and Plamer，1997）。杜龙政等（2019）提出，可将弱波特假说与强波特假说结合起来，即弱波特假说是强波特假说的一个阶段：环境规制的一阶段主要促进技术创新，而二阶段重点推动了企业全要素生产率的提升。环境规制对全要素生产率的积极作用可以分为成本节约、性能提升与心理价值三个方面。成本节约方面，环境规制将促使企业对生产过程中产生的废弃物进行再利用。例如，京东方科技集团股份有限公司 8.5 代液晶生产线日均耗水 4 万吨，而北京环保部门要求其日均用水不超过 5000 吨。在此压力下，京东方科技集团股份有限公司通过工艺改进解决了再生水所含尿素、硼等污染问题，再生水使用占比达到 80%。这既降低了污染物排放，又减少了液晶生产成本，使单片液晶生产耗水量相较于行业平均水平减少了 34%。性能提升方面，在严格的环境规制下，企业为实现节能减排会进行技术改进，从而创造额外的性能优势。例如，京东方科技集团股份有限公司的自主技术能使显示屏幕功耗降低 20%～30%，这一技术同时使屏幕的亮度提升了 30%，人眼感知清晰度提升了 50%。心理价值方面，当前中国消费者不再仅仅关注产品的使用价值，也会为产品的心理价值支付更高溢价，这使得符合甚至超过现行环保要求的产品会更受消费者青睐，这一现象在食品领域尤为明显。实证研究中，杜龙政等（2019）使用广义最小二乘法和系统广义矩估计等方法，考察了环境规制对中国全要素生产率提升的复合效应，发现中国环境规制与全要素生产率之间呈现"U"形曲线关系，并证明治理转型的加入能够加快环境规制拐点到来与波特假说实现。盛丹和张国峰（2019）基于经济普查数据，利用无条件分布特征—参数对应分析方法，考察了"两控区"政策对企业全要素生产率的影响，发现两控区内低效率企业淘汰比例更高，即"两控区"政策淘汰了低生产率的高污染企业，进而提升了区内平均生产率，且这一作用在高研发密集度与高污染行业、政策执行力较强和经济发展较快的地区更显著。

第三节　中国环境规制与经济可持续发展的政策建议

一、以人为本构建环境规制政策

第一，将环境污染的综合成本纳入考量，制定以人为本的环境规制政策。政府对环境污染的规制除了带来直接的健康收益外，还能增加劳动者的市场获得，如增加劳动力规模、提升就业率以及工资收入。环境规制还能够通过改善环境质量减缓本地劳动力流失。要实现经济社会可持续发展，从国家层面全面治理环境污染，建设生态文明势在必行。政府在制定环境规制并进行成本收益分析时，应将上述因素纳入考量。第二，针对环境污染设计补偿政策，减缓人才的跨国流出。高人力资本家庭和居民对环境污染有着更高的敏感度，应统筹协调生态环境政策、人才政策和经济政策，把环境规制与建设知识型、技能型、创新型劳动者大军相结合，推动经济发展质量提升、效率提升、动力提升。此外，政府针对环境污染进行补贴时，应充分考虑到不同特征居民对环境污染的敏感性差异，设计差异化补贴政策。

二、深化环境污染协同治理机制

第一，应深化以中央为主导的地方政府间统筹协调机制，在此基础上切实推进跨区域协调环境战略。由于地方政府之间容易出现发展目标不一致、利益相互冲突等问题，地方之间容易轻合作、重竞争，这必须依靠中央政府的制度创新，并以此重构地方之间的关系。传统环境治理模式强调以权责导向的治理机制，即地方政府对其行政区域内的生态环境质量负责。在此基础上，区域协调性的污染联防联控强调中央政府主导下以事项为主的协作机制，令地方政府间对特定事项达成协作关系，从而充分凸显我国"集中力量办大事"的制度优越性。第二，当区域协调性的污染联防联控政策同时具备中央协调、重复博弈、结果可验三个特征时，能够产生更为长效的环境治理效果。在长期，为防止地方政府产生策略性治理行为，如地方政府仅在协作会议召开前后投入成本治理环境污染等，需要建立常态化的协作机制。在保障分权对地方政府带来激励的同时，加强中央政府的集权监管，如成立专项领导小组。在更高层面进行统筹，更大程度地推进协作，整合各地政府之间的配合渠道，实现激励与约束的平衡，完成环境保护目标。此外，为防止偏离协议的行为产生信任危机，还需要保证协作的公开性与可持续性，最新的数字技术为此提供了现实可行性。

三、以环境规制引导绿色创新

第一，贯彻新发展理念，深刻把握新发展阶段的要求，进一步加强环境规制对绿色创新的引导与激励作用，构建新发展格局。"十四五"时期是实现生态环境质量改善由量变到质变的关键时期，中国生态文明建设进入推动减污降碳协同增效、实现经济社会全面绿色转型的新阶段。应充分发挥环境规制对企业绿色转型的促进作用，以绿色创新助力积极稳妥推进碳达峰碳中和，提高我国经济社会发展的可持续性。现行环境保护税征税对象尚未涉及CO_2，征税对象主要为传统大气污染物、水污染物、固体废料等。在合适时机下，可考虑将CO_2列为环境保护税的征税对象，引导企业在节能减排领域进行技术创新，同时强化环保税与排放权交易机制的协同联动，实现减污降碳协同效应。第二，加强对绿色技术研发活动的支持，构建以绿色创新为导向的环境政策体系。进一步完善财政、金融、税收等政策支持体系，减少企业进行绿色创新时面对的资源约束，避免创新活动对企业其他经营项目产生挤出效应，充分激发企业主体的创新动力。在难度大、要求高的重要领域和关键环节，政府应统筹企业、高校与研发机构，通过系统布局，不断引导重大突破。

四、在绿色转型中提升全要素生产率

第一，提升政府环境治理政策执行效率，以应对环境质量恶化与经济发展质量亟须提升的双重挑战。粗放的经济增长方式导致了严峻的污染问题，严重的环境污染又通过人力资本等渠道阻碍着经济发展质量的提升。唯有高水平的环境规制政策才能破解上述的恶性循环。制定环境规制时，应有意引导生产要素不断从高能耗高排放部门向低能耗低排放部门流动，进而不断优化经济结构，不断提升全要素生产率和经济发展质量，以此实现生态文明与经济高质量发展的双赢。第二，促进治理转型，深化供给侧结构性改革。调整供给侧主体结构，加强引导非国有企业规范经营，鼓励金融机构为非国有企业提供更多的生产设备改造升级资金，帮助非国有企业尽快实现绿色生产，促进非公有制经济的健康发展。避免环境规制产生过大冲击，导致原本能够实现绿色转型的非国有企业减产、停产甚至倒闭，给经济社会发展带来不利影响，降低全要素生产率。在毫不动摇地巩固和发展公有制经济的同时，毫不动摇地鼓励、支持、引导非公有制经济发展。

参考文献

邓玉萍, 王伦, 周文杰. 2021. 环境规制促进了绿色创新能力吗?——来自中国的经验证据[J]. 统计研究, 38(7): 76-86.

东童童. 2019. 能源消费结构对雾霾污染的影响:来自中国省域数据的研究[J]. 特区经济, (6): 56-60.

东童童, 邓世成, 晏琪. 2019. 中国能源消费结构与雾霾污染的关系:基于中国省域空间数据的分析与预测[J]. 资源与产业, 21(6): 69-81.

董军, 张旭. 2010. 中国工业部门能耗碳排放分解与低碳策略研究. 资源科学, 32(10): 1856-1862.

董文福, 傅德黔, 努丽亚. 2008. 我国环境污染治理投资的发展及存在问题[J]. 中国环境监测, (4): 87-89.

杜海波, 魏伟, 张学渊, 等. 2021. 黄河流域能源消费碳排放时空格局演变及影响因素:基于 DMSP/OLS 与 NPP/VIIRS 夜间灯光数据[J]. 地理研究, 40(7): 2051-2065.

杜龙政, 赵云辉, 陶克涛, 等. 2019. 环境规制、治理转型对绿色竞争力提升的复合效应:基于中国工业的经验证据[J]. 经济研究, 54(10): 106-120.

范庆泉, 张同斌. 2018. 中国经济增长路径上的环境规制政策与污染治理机制研究[J]. 世界经济, 41(8): 171-192.

傅京燕, 赵春梅. 2014. 环境规制会影响污染密集型行业出口贸易吗?——基于中国面板数据和贸易引力模型的分析[J]. 经济学家, (2): 47-58.

高世楫, 王海芹, 李维明. 2018. 改革开放 40 年生态文明体制改革历程与取向观察[J]. 改革, (8): 49-63.

高雪莲, 王佳琪, 张迁, 等. 2019. 环境管制是否促进了城市产业结构优化?——基于"两控区"政策的准自然实验[J]. 经济地理, 39(9): 122-128,137.

郭进. 2019. 环境规制对绿色技术创新的影响:"波特效应"的中国证据[J]. 财贸经济, 40(3): 147-160.

郭晶, 王涛. 2017. 中国能源消费与经济增长关系的实证分析[J]. 统计与决策, (4): 138-141.

郭文, 孙涛. 2015. 城镇化对中国区域能源消费及居民生活能源消费的影响[J]. 中国环境科学, 35(10): 3166-3176.

韩明霞, 李华民. 2006. 中国煤炭消费与大气污染物排放[J]. 煤炭工程, (3): 76-78.

韩秀艳, 孙涛, 高明. 2018. 新型城镇化建设、能源消费增长与碳排放强度控制研究[J]. 软科学, 32(9): 90-93.

韩智勇, 魏一鸣, 焦建玲, 等. 2004. 中国能源消费与经济增长的协整性与因果关系分析[J]. 系统工程, (12): 17-21.

何则, 杨宇, 宋周莺, 等. 2018. 中国能源消费与经济增长的相互演进态势及驱动因素[J]. 地理研究, 37(8): 1528-1540.

胡鞍钢, 鄢一龙, 刘生龙. 2010. 市场经济条件下的"计划之手": 基于能源强度的检验[J]. 中国工业经济, (7): 26-35.

胡志高, 李光勤, 曹建华. 2019. 环境规制视角下的区域大气污染联合治理: 分区方案设计、协同状态评价及影响因素分析[J]. 中国工业经济, (5): 24-42.

黄茂兴, 叶琪. 2017. 马克思主义绿色发展观与当代中国的绿色发展: 兼评环境与发展不相容论[J]. 经济研究, 52(6): 17-30.

黄溶冰, 赵谦, 王丽艳. 2019. 自然资源资产离任审计与空气污染防治: "和谐锦标赛"还是"环保资格赛"[J]. 中国工业经济, (10): 23-41.

金刚, 沈坤荣. 2018. 以邻为壑还是以邻为伴?——环境规制执行互动与城市生产率增长[J]. 管理世界, 34(12): 43-55.

金刚, 沈坤荣. 2019. 地方官员晋升激励与河长制演进: 基于官员年龄的视角[J]. 财贸经济, 40(4): 20-34.

康志勇, 张宁, 汤学良, 等. 2018. "减碳"政策制约了中国企业出口吗[J]. 中国工业经济, (9): 117-135.

冷艳丽, 杜思正. 2016. 能源价格扭曲与雾霾污染: 中国的经验证据[J]. 产业经济研究, (1): 71-79.

李斌, 詹凯云, 胡志高. 2019. 环境规制与就业真的能实现"双重红利"吗?——基于我国"两控区"政策的实证研究[J]. 产业经济研究, (1): 113-126.

李青原, 肖泽华. 2020. 异质性环境规制工具与企业绿色创新激励: 来自上市企业绿色专利的证据[J]. 经济研究, 55(9): 192-208.

李胜兰, 林沛娜. 2020. 我国碳排放权交易政策完善与促进地区污染减排效应研究: 基于省级面板数据的双重差分分析[J]. 中山大学学报(社会科学版), 60(5): 182-194.

李眺. 2013. 环境规制、服务业发展与我国的产业结构调整[J]. 经济管理, 35(8): 1-10.

李小平, 卢现祥, 陶小琴. 2012. 环境规制强度是否影响了中国工业行业的贸易比较优势[J]. 世界经济, 35(4): 62-78.

李永友, 沈坤荣. 2008. 我国污染控制政策的减排效果: 基于省际工业污染数据的实证分析[J]. 管理世界, (7): 7-17.

刘金科, 肖翊阳. 2022. 中国环境保护税与绿色创新: 杠杆效应还是挤出效应?[J]. 经济研究, 57(1): 72-88.

刘庆志. 2006. 我国煤炭资源可持续利用承载力探讨[J]. 山东科技大学学报(自然科学版), (4): 87-89.

刘天齐. 1999. 中国环境管理的发展趋势[J]. 中国环境管理干部学院学报, (2): 14-18.

刘战豫, 樊娟, 王鸿. 2022. 我国居民能源消费结构演变对碳达峰的影响[J]. 河南理工大学学报(社会科学版), 23(5): 41-49.

陆旸. 2009. 环境规制影响了污染密集型商品的贸易比较优势吗?[J]. 经济研究, 44(4): 28-40.

罗知, 齐博成. 2021. 环境规制的产业转移升级效应与银行协同发展效应——来自长江流域水污染治理的证据[J]. 经济研究, 56(2): 174-189.

吕玉兰. 2019. 城镇化背景下中国能源消费问题的多尺度时空分析[D]. 济南: 山东大学.

马超群, 储慧斌, 李科, 等. 2004. 中国能源消费与经济增长的协整与误差校正模型研究[J]. 系统工程, (10): 47-50.

毛其淋, 许家云. 2015. 政府补贴对企业新产品创新的影响: 基于补贴强度"适度区间"的视角[J]. 中国工业经济, (6): 94-107.

潘家华. 2019. 新中国 70 年生态环境建设发展的艰难历程与辉煌成就[J]. 中国环境管理, 11(4): 17-24.

彭星, 李斌. 2016. 不同类型环境规制下中国工业绿色转型问题研究[J]. 财经研究, 42(7): 134-144.

任力, 黄崇杰. 2015. 国内外环境规制对中国出口贸易的影响[J]. 世界经济, 38(5): 59-80.

沈坤荣, 金刚. 2018. 中国地方政府环境治理的政策效应: 基于"河长制"演进的研究[J]. 中国社会科学, (5): 92-115, 206.

盛丹, 张国峰. 2019. 两控区环境管制与企业全要素生产率增长[J]. 管理世界, 35(2): 24-42, 198.

盛丹, 张慧玲. 2017. 环境管制与我国的出口产品质量升级: 基于两控区政策的考察[J]. 财贸经济, 38(8): 80-97.

盛来运, 郑鑫, 周平, 等. 2018. 我国经济发展南北差距扩大的原因分析[J]. 管理世界, 34(9): 16-24.

石光, 周黎安, 郑世林, 等. 2016. 环境补贴与污染治理: 基于电力行业的实证研究[J]. 经济学(季刊), 15(4): 1439-1462.

石庆玲, 郭峰, 陈诗一. 2016. 雾霾治理中的"政治性蓝天": 来自中国地方"两会"的证据[J]. 中国工业经济, (5): 40-56.

史贝贝, 冯晨, 张妍, 等. 2017. 环境规制红利的边际递增效应[J]. 中国工业经济, (12): 40-58.

史丹. 1999. 结构变动是影响我国能源消费的主要因素[J]. 中国工业经济, (11): 38-43.

孙睿, 况丹, 常冬勤. 2014. 碳交易的"能源-经济-环境"影响及碳价合理区间测算[J]. 中国人口·资源与环境, 24(7): 82-90.

孙叶飞, 周敏. 2017. 中国能源消费碳排放与经济增长脱钩关系及驱动因素研究[J]. 经济与管理评论, 33(6): 21-30.

唐登莉, 李力, 洪雪飞. 2017. 能源消费对中国雾霾污染的空间溢出效应: 基于静态与动态空间面板数据模型的实证研究[J]. 系统工程理论与实践, 37(7): 1697-1708.

童健, 刘伟, 薛景. 2016. 环境规制、要素投入结构与工业行业转型升级[J]. 经济研究, 51(7): 43-57.

涂正革, 谌仁俊. 2015. 排污权交易机制在中国能否实现波特效应?[J]. 经济研究, 50(7): 160-173.

汪克亮, 杨宝臣, 杨力. 2011. 基于技术差距的中国区域全要素能源效率研究[J]. 科学学研究, 29(7): 1021-1028.

汪小英, 成金华, 易杏花. 2013. 产业结构和能源消费结构协调性分析及对策[J]. 武汉理工大学学报(社会科学版), 26(2): 201-208.

王班班, 莫琼辉, 钱浩祺. 2020. 地方环境政策创新的扩散模式与实施效果: 基于河长制政策扩散的微观实证[J]. 中国工业经济, (8): 99-117.

王班班, 齐绍洲. 2016. 市场型和命令型政策工具的节能减排技术创新效应: 基于中国工业行业专利数据的实证[J]. 中国工业经济, (6): 91-108.

王长建, 汪菲, 叶玉瑶, 等. 2020. 基于供需视角的中国煤炭消费演变特征及其驱动机制[J]. 自然资源学报, 35(11): 2708-2723.

王慧, 宋建民. 2000. 山西煤炭开采对地面塌陷灾害的防治对策[J]. 环境保护, (10): 26-27.

王岭, 刘相锋, 熊艳. 2019. 中央环保督察与空气污染治理: 基于地级城市微观面板数据的实证分析[J]. 中国工业经济, (10): 5-22.

王强, 郑颖, 伍世代, 等. 2011. 能源效率对产业结构及能源消费结构演变的响应[J]. 地理学报, 66(6): 741-749.

王韶华. 2013. 基于低碳经济的能源结构和产业结构协调度评价研究[J]. 工业技术经济, 32(10): 55-63.

王淑娜, 孙根年. 2010. 中国 1991 年至 2007 年火力发电-燃煤消耗-SO_2 排放关系的分析[J]. 资源科学, 32(7): 1230-1235.

王文兴, 柴发合, 任阵海, 等. 2019. 新中国成立 70 年来我国大气污染防治历程、成就与经验[J]. 环境科学研究, 32(10): 1621-1635.

魏后凯. 2017. 东北经济的新困境及重振战略思路[J]. 社会科学辑刊, (1): 26-32, 2.

吴利学, 王蕾中. 2019. 中国能源消费与能源效率波动及其影响因素研究[J]. 城市与环境研究, (3): 55-71.

吴巧生, 陈亮, 张炎涛, 等. 2008. 中国能源消费与GDP关系的再检验: 基于省际面板数据的实证分析[J]. 数量经济技术经济研究, (6): 27-40.

伍格致, 游达明. 2019. 环境规制对技术创新与绿色全要素生产率的影响机制:基于财政分权的调节作用[J]. 管理工程学报, 33(1): 37-50.

徐峰. 2022. 低碳经济对国际贸易发展的影响[J]. 商展经济, (11): 69-71.

徐少君. 2011. 能源消费与对外贸易的关系: 基于中国省际面板数据的实证分析[J]. 国际商务(对外经济贸易大学学报), (6): 5-16.

杨丹辉, 李红莉. 2010. 基于损害和成本的环境污染损失核算: 以山东省为例[J]. 中国工业经济, (7): 125-135.

杨冕, 袁亦宁, 万攀兵. 2022. 环境规制、银行业竞争与企业债务融资成本: 来自"十一五"减排政策的证据[J]. 经济评论, (2): 122-136.

杨宜勇, 池振合. 2009. 中国能源消费与经济增长关系研究: 基于误差修正模型[J]. 经济与管理研究, (9): 39-45.

尹建华, 王兆华. 2011. 中国能源消费与经济增长间关系的实证研究: 基于1953-2008年数据的分析[J]. 科研管理, 32(7): 122-129.

尹显萍, 石晓敏. 2010. 工业出口贸易结构变动对我国能源强度的影响[J]. 中国人口·资源与环境, 20(11): 77-83.

于文超, 何勤英. 2014. 政治联系、环境政策实施与企业生产效率[J]. 中南财经政法大学学报, (2): 143-149.

余泳泽, 孙鹏博, 宣烨. 2020. 地方政府环境目标约束是否影响了产业转型升级?[J]. 经济研究, 55(8): 57-72.

余泳泽, 尹立平. 2022. 中国式环境规制政策演进及其经济效应:综述与展望[J]. 改革, (3): 114-130.

展秀萍. 2019. 中国能源消费强度的区域差异研究[J]. 智库时代, (32): 25, 28.

张弛. 2019. 能源消费强度的影响因素与碳排放预测研究[D]. 合肥: 合肥工业大学.

张广来, 张宁, 任亚运. 2022. 大气污染规制对城市空气污染的防治成效: 基于准实验分析[J]. 生态学报, 42(19): 7932-7940.

张连辉. 2010. 新中国环境保护事业的早期探索: 第一次全国环保会议前中国政府的环保努力[J]. 当代中国史研究, 17(4): 40-47, 126.

张连辉, 赵凌云. 2010. 新中国成立以来环境观与人地关系的历史互动[J]. 当代中国史研究, 17(3): 121.

张同斌. 2017. 提高环境规制强度能否"利当前"并"惠长远"[J]. 财贸经济, 38(3): 116-130.

张小筠, 刘戒骄. 2019. 新中国 70 年环境规制政策变迁与取向观察[J]. 改革, (10): 16-25.

张炎治, 聂锐. 2009. 我国进出口贸易对能源强度的影响效应[J]. 中国矿业, 18(4): 11-14.

张艳东. 2015. 中国能源消费区域的差异演化趋势及影响因素研究[D]. 天津: 天津大学.

张子荣. 2018. 我国经济增长与能源消费关系的实证分析[J]. 商业经济研究, (17): 36-39.

支国瑞, 杨俊超, 张涛, 等. 2015. 我国北方农村生活燃煤情况调查、排放估算及政策启示 [J]. 环境科学研究, 28(8): 1179-1185.

钟海, 胡燕子. 2021. 中国的可再生能源消费对经济增长的非线性影响[J]. 中央财经大学 学报, (4): 77-92.

钟茂初, 李梦洁, 杜威剑. 2015. 环境规制能否倒逼产业结构调整: 基于中国省际面板数 据的实证检验[J]. 中国人口·资源与环境, 25(8): 107-115.

朱岳年, 刁顺, 史卜庆, 等. 1999. 我国可持续能源工业发展思考[J]. 中国人口·资源与 环境, (1): 75-78.

庄汝龙, 宓科娜. 2022. 能源消费、结构变化与空气质量: 基于省际面板数据的实证检验 [J]. 地理研究, 41(1): 210-228.

Aghion P, Dechezleprêtre A, Hémous D, et al. 2016. Carbon taxes, path dependency, and directed technical change: evidence from the auto industry[J]. Journal of Political Economy, 124(1): 1-51.

Ai H S, Hu S L, Li K, et al. 2020. Environmental regulation, total factor productivity, and enterprise duration: evidence from China[J]. Business Strategy and the Environment, 29(6): 2284-2296.

Akhmat G, Zaman K, Tan S K, et al. 2014. Does energy consumption contribute to environmental pollutants? Evidence from SAARC countries[J]. Environmental Science and Pollution Research International, 21(9): 5940-5951.

Albrizio S, Kozluk T, Zipperer V. 2017. Environmental policies and productivity growth: evidence across industries and firms[J]. Journal of Environmental Economics and Management, 81: 209-226.

Arceo E, Hanna R, Oliva P. 2016. Does the effect of pollution on infant mortality differ between developing and developed countries? Evidence from Mexico City[J]. The Economic Journal, 126(591): 257-280.

Baig K S, Yousaf M. 2017. Coal fired power plants: emission problems and controlling techniques[J]. Journal of Earth Science & Climatic Change, 8(7): 1000404.

Barrington-Leigh C, Baumgartner J, Carter E, et al. 2019. An evaluation of air quality, home heating and well-being under Beijing's programme to eliminate household coal use[J]. Nature Energy, 4(5): 416-423.

Beach B, Hanlon W W. 2018. Coal smoke and mortality in an early industrial economy[J]. The Economic Journal, 128(615): 2652-2675.

Beck T, Levine R, Levkov A. 2010. Big bad banks? The winners and losers from bank deregulation in the United States[J]. The Journal of Finance, 65(5): 1637-1667.

Böhringer C, Dijkstra B, Rosendahl K E. 2014. Sectoral and regional expansion of emissions trading[J]. Resource and Energy Economics, 37: 201-225.

Cattaneo C, Manera M, Scarpa E. 2011. Industrial coal demand in China: a provincial analysis[J]. Resource and Energy Economics, 33(1): 12-35.

Chang T Y, Chu H P, Chen W Y. 2013. Energy consumption and economic growth in 12 Asian countries: panel data analysis[J]. Applied Economics Letters, 20(3): 282-287.

Chang T Y, Huang W, Wang Y. 2018. Something in the air: pollution and the demand for health insurance[J]. The Review of Economic Studies, 85(3): 1609-1634.

Charles K K, DeCicca P. 2008. Local labor market fluctuations and health: is there a connection and for whom?[J]. Journal of Health Economics, 27(6): 1532-1550.

Chen S Y, Guo C S, Huang X F. 2018b. Air pollution, student health, and school absences: evidence from China[J]. Journal of Environmental Economics and Management, 92: 465-497.

Chen Y Y, Jin G Z, Kumar N, et al. 2013. The promise of Beijing: evaluating the impact of the 2008 Olympic Games on air quality[J]. Journal of Environmental Economics and Management, 66(3): 424-443.

Chen Z, Kahn M E, Liu Y, et al. 2018a. The consequences of spatially differentiated water pollution regulation in China[J]. Journal of Environmental Economics and Management, 88: 468-485.

Cheng Z H, Li L S, Liu J. 2017. Identifying the spatial effects and driving factors of urban $PM_{2.5}$ pollution in China[J]. Ecological Indicators, 82: 61-75.

Cheung C W, He G J, Pan Y H. 2020. Mitigating the air pollution effect? The remarkable decline in the pollution-mortality relationship in Hong Kong[J]. Journal of Environmental Economics and Management, 101: 102316.

Cole M A, Elliott R J R, Fredriksson P G. 2006. Endogenous pollution havens: does FDI influence environmental regulations?[J]. The Scandinavian Journal of Economics, 108(1): 157-178.

Danish, Wang Z H. 2019. Does biomass energy consumption help to control environmental pollution? Evidence from BRICS countries[J]. Science of the Total Environment, 670: 1075-1083.

Dasgupta S, Laplante B, Mamingi N, et al. 2001. Inspections, pollution prices, and environmental performance: evidence from China[J]. Ecological Economics, 36(3): 487-498.

Davidson M R, Zhang D, Xiong W M, et al. 2016. Modelling the potential for wind energy integration on China's coal-heavy electricity grid[J]. Nature Energy, 1(7): 1-7.

Davis L W. 2017. The environmental cost of global fuel subsidies[J]. The Energy Journal, 38(suppl.1): 7-28.

DeCicca P, Malak N. 2020. When good fences aren't enough: the impact of neighboring air pollution on infant health[J]. Journal of Environmental Economics and Management, 102: 102324.

Deschenes O, Wang H X, Wang S, et al. 2020. The effect of air pollution on body weight and obesity: evidence from China[J]. Journal of Development Economics, 145: 102461.

Do Q T, Joshi S, Stolper S. 2018. Can environmental policy reduce infant mortality? Evidence from the Ganga Pollution Cases[J]. Journal of Development Economics, 133: 306-325.

Dong L, Dong H J, Fujita T, et al. 2015. Cost-effectiveness analysis of China's sulfur dioxide control strategy at the regional level: regional disparity, inequity and future challenges[J]. Journal of Cleaner Production, 90: 345-359.

Ebenstein A, Fan M Y, Greenstone M, et al. 2017. New evidence on the impact of sustained exposure to air pollution on life expectancy from China's Huai River Policy[J]. Proceedings of the National Academy of Sciences of the United States of America, 114(39): 10384-10389.

Ellerman A D, Montero J P. 1998. The declining trend in sulfur dioxide emissions: implications for allowance prices[J]. Journal of Environmental Economics and Management, 36(1): 26-45.

Fan J L, Zhang Y J, Wang B. 2017. The impact of urbanization on residential energy consumption in China: an aggregated and disaggregated analysis[J]. Renewable and Sustainable Energy Reviews, 75: 220-233.

Fan M Y, He G J, Zhou M G. 2020. The winter choke: coal-fired heating, air pollution, and mortality in China[J]. Journal of Health Economics, 71: 102316.

Fan Y, Liu L C, Wu G, et al. 2007. Changes in carbon intensity in China: empirical findings from 1980–2003[J]. Ecological Economics, 62(3): 683-691.

Fan Y, Wu J, Xia Y, et al. 2016. How will a nationwide carbon market affect regional economies and efficiency of CO_2 emission reduction in China?[J]. China Economic Review, 38: 151-166.

Fischer C, Lyon T P. 2014. Competing environmental labels[J]. Journal of Economics & Management Strategy, 23(3): 692-716.

Frey E F. 2013. Technology diffusion and environmental regulation: the adoption of scrubbers by coal-fired power plants[J]. The Energy Journal, 34(1): 177-205.

Fu S H, Viard V B, Zhang P. 2021. Air pollution and manufacturing firm productivity: nationwide estimates for China[J]. The Economic Journal, 131(640): 3241-3273.

Gao C L, Yin H Q, Ai N S, et al. 2009. Historical analysis of SO_2 pollution control policies in China[J]. Environmental Management, 43(3): 447-457.

Gao Y N, Li M, Xue J J, et al. 2020. Evaluation of effectiveness of China's carbon emissions trading scheme in carbon mitigation[J]. Energy Economics, 90: 104872.

Gao Z. 2012. Sustainable development and upgrading mode of coal industry in China[J]. International Journal of Mining Science and Technology, 22(3): 335-340.

Gardner J, Oswald A J. 2007. Money and mental wellbeing: a longitudinal study of medium-sized lottery wins[J]. Journal of Health Economics, 26(1): 49-60.

Gieré R, Blackford M, Smith K. 2006. TEM study of $PM_{2.5}$ emitted from coal and tire combustion in a thermal power station[J]. Environmental Science & Technology, 40(20): 6235-6240.

Gray W B, Shadbegian R J. 2003. Plant vintage, technology, and environmental regulation[J]. Journal of Environmental Economics and Management, 46(3): 384-402.

Greenstone M, Hanna R M. 2014. Environmental regulations, air and water pollution, and infant mortality in India[J]. American Economic Review, 104(10): 3038-3072.

Hao Y, Liu Y M, Weng J H, et al. 2016. Does the environmental Kuznets curve for coal consumption in China exist? New evidence from spatial econometric analysis[J]. Energy, 114: 1214-1223.

He G J, Fan M Y, Zhou M G. 2016. The effect of air pollution on mortality in China: evidence from the 2008 Beijing Olympic Games[J]. Journal of Environmental Economics and Management, 79: 18-39.

Heutel G. 2015. Optimal policy instruments for externality-producing durable goods under present bias[J]. Journal of Environmental Economics and Management, 72: 54-70.

Heyes A, Martin S. 2017. Social labeling by competing NGOs: a model with multiple issues and entry[J]. Management Science, 63(6): 1800-1813.

Heyes A, Zhu M Y. 2019. Air pollution as a cause of sleeplessness: social media evidence from a panel of Chinese cities[J]. Journal of Environmental Economics and Management, 98: 102247.

Höckner J, Voswinkel S, Weber C. 2020. Market distortions in flexibility markets caused by renewable subsidies – the case for side payments[J]. Energy Policy, 137: 111135.

Hou B Q, Wang B, Du M Z, et al. 2020. Does the SO_2 emissions trading scheme encourage green total factor productivity? An empirical assessment on China's cities[J]. Environmental Science and Pollution Research International, 27(6): 6375-6388.

Hu Y C, Ren S G, Wang Y J, et al. 2020. Can carbon emission trading scheme achieve energy conservation and emission reduction? Evidence from the industrial sector in China[J]. Energy Economics, 85: 104590.

Hubbert M K. 1949. Energy from fossil fuels[J]. Science, 109(2823): 103-109.

Ito K, Zhang S. 2020. Willingness to pay for clean air: evidence from air purifier markets in China[J]. Journal of Political Economy, 128(5): 1627-1672.

Jaffe A B, Palmer K. 1997. Environmental regulation and innovation: a panel data study[J]. The Review of Economics and Statistics, 79(4): 610-619.

Jia R X, Ku H. 2019. Is China's pollution the culprit for the choking of South Korea? Evidence from the Asian dust[J]. The Economic Journal, 129(624): 3154-3188.

Jin Y N, Andersson H, Zhang S Q. 2016. Air pollution control policies in China: a retrospective and prospects[J]. International Journal of Environmental Research and Public Health, 13(12): 1219.

Johnstone J F, Hollingsworth T N, Chapin III F S, et al. 2010. Changes in fire regime break the legacy lock on successional trajectories in Alaskan boreal forest[J]. Global Change Biology, 16(4): 1281-1295.

Lee C C. 2005. Energy consumption and GDP in developing countries: a cointegrated panel analysis[J]. Energy Economics, 27(3): 415-427.

Lei Y, Zhang Q, He K B, et al. 2011. Primary anthropogenic aerosol emission trends for China, 1990–2005[J]. Atmospheric Chemistry and Physics, 11(3): 931-954.

Li K, Lin B Q. 2016. China's strategy for carbon intensity mitigation pledge for 2020: evidence from a threshold cointegration model combined with Monte-Carlo simulation methods[J]. Journal of Cleaner Production, 118: 37-47.

Li M C, Mao C M. 2020. Spatial effect of industrial energy consumption structure and transportation on haze pollution in Beijing-Tianjin-Hebei region[J]. International Journal of Environmental Research and Public Health, 17(15): 5610.

Li P, Lu Y, Wang J. 2020. The effects of fuel standards on air pollution: evidence from China[J]. Journal of Development Economics, 146: 102488.

Liu J, Mauzerall D L, Chen Q, et al. 2016. Air pollutant emissions from Chinese households: a major and underappreciated ambient pollution source[J]. Proceedings of the National Academy of Sciences of the United States of America, 113(28): 7756-7761.

Liu R, Li Q S, Zhao Y Q. 2017. Analysis of existing problems and improvement schemes for substituting electricity for scattered coal in China[J]. Sustainability, 9(5): 744.

Liu Y B. 2009. Exploring the relationship between urbanization and energy consumption in China using ARDL (autoregressive distributed lag) and FDM (factor decomposition model)[J]. Energy, 34(11): 1846-1854.

Ma Z W, Liu R Y, Liu Y, et al. 2019. Effects of air pollution control policies on $PM_{2.5}$ pollution improvement in China from 2005 to 2017: a satellite-based perspective[J]. Atmospheric Chemistry and Physics, 19(10): 6861-6877.

Majeed A, Wang L J, Zhang X H, et al. 2021. Modeling the dynamic links among natural resources, economic globalization, disaggregated energy consumption, and environmental quality: fresh evidence from GCC economies[J]. Resources Policy, 73: 102204.

Malenbaum W. 1975. Law of demand for minerals[C]//Proceedings of the Council of Economics, 104th Annual Meeting of the American Institute of Mining, Metallurgical and Petroleum Engineers: 145-155.

Meadows D H, Meadows D L, Randers J, et al. 1972. The Limits to Growth[M]. New York: Universe Books.

Mei Y, Gao L, Zhang W, et al. 2021. Do homeowners benefit when coal-fired power plants switch to natural gas? Evidence from Beijing, China[J]. Journal of Environmental Economics and Management, 110: 102566.

Miao Z, Baležentis T, Tian Z H, et al. 2019. Environmental performance and regulation effect of China's atmospheric pollutant emissions: evidence from "Three Regions and Ten Urban Agglomerations" [J]. Environmental and Resource Economics, 74(1): 211-242.

Michieka N M, Fletcher J J. 2012. An investigation of the role of China's urban population on coal consumption[J]. Energy Policy, 48: 668-676.

Mumford J L, He X Z, Chapman R S, et al. 1987. Lung cancer and indoor air pollution in Xuan Wei, China[J]. Science, 235(4785): 217-220.

Narayan P K, Smyth R, Prasad A. 2007. Electricity consumption in G7 countries: a panel cointegration analysis of residential demand elasticities[J]. Energy Policy, 35(9): 4485-4494.

Nunn N, Qian N. 2011. The potato's contribution to population and urbanization: evidence from a historical experiment[J]. The Quarterly Journal of Economics, 126(2): 593-650.

Pang A, Shaw D. 2011. Optimal emission tax with pre-existing distortions[J]. Environmental Economics and Policy Studies, 13(2): 79-88.

Patterson III C D. 2000. Environmental taxes and subsidies: what is the appropriate fiscal policy for dealing with modern environmental problems?[J]. William & Mary Environmental Law and Policy Review, 24(1): 121-159.

Persico C L, Johnson K R. 2021. The effects of increased pollution on COVID-19 cases and deaths[J]. Journal of Environmental Economics and Management, 107: 102431.

Porter M E. 1991. America's green strategy[J]. Scientific American, 264(4): 168.

Russell C S, Powell P T. 1996. Choosing environmental policy tools: theoretical cautions and practical considerations[R]. Washington D.C. : IDB Publications.

Schennach S M. 2000. The economics of pollution permit banking in the context of title IV of the 1990 Clean Air Act Amendments[J]. Journal of Environmental Economics and Management, 40(3): 189-210.

Schipper L, Murtishaw S, Unander F. 2001. International comparisons of sectoral carbon dioxide emissions using a cross-country decomposition technique[J]. The Energy Journal, 22(2): 35-75.

Schlenker W, Walker W R. 2016. Airports, air pollution, and contemporaneous health[J]. The Review of Economic Studies, 83(2): 768-809.

Schreifels J J, Fu Y L, Wilson E J. 2012. Sulfur dioxide control in China: policy evolution during the 10th and 11th Five-Year Plans and lessons for the future[J]. Energy Policy, 48: 779-789.

Shahzad B K, Yousaf M. 2017. Coal fired power plants: emission problems and controlling techniques[J]. Journal of Earth Science & Climatic Change, 8(7): 1000404.

Sharma R, Shahbaz M, Kautish P, et al. 2021. Does energy consumption reinforce environmental pollution? Evidence from emerging Asian economies[J]. Journal of Environmental Management, 297: 113272.

Shi X Z, Xu Z F. 2018. Environmental regulation and firm exports: evidence from the eleventh Five-Year Plan in China[J]. Journal of Environmental Economics and Management, 89: 187-200.

Tang K, Qiu Y, Zhou D. 2020. Does command-and-control regulation promote green innovation performance? Evidence from China's industrial enterprises[J]. Science of the Total Environment, 712: 136362.

Tang X, Snowden S, Höök M. 2013. Analysis of energy embodied in the international trade of UK[J]. Energy Policy, 57: 418-428.

Trivedi R H. 2017. Entrepreneurial-intention constraint model: a comparative analysis among post-graduate management students in India, Singapore and Malaysia[J]. International Entrepreneurship and Management Journal, 13(4): 1239-1261.

Viard V B, Fu S H. 2015. The effect of Beijing's driving restrictions on pollution and economic activity[J]. Journal of Public Economics, 125: 98-115.

Walter J M. 2020. Comparing the effectiveness of market-based and choice-based environmental policy[J]. Journal of Policy Modeling, 42(1): 173-191.

Wang C, Chen J, Zou J. 2005. Decomposition of energy-related CO_2 emission in China: 1957–2000[J]. Energy, 30(1): 73-83.

Wang T W, Vermeulen R C H, Hu W, et al. 2015. Gene-expression profiling of buccal epithelium among non-smoking women exposed to household air pollution from smoky coal[J]. Carcinogenesis, 36(12): 1494-1501.

Wang Y, Yao Y D. 2003. Sources of China's economic growth 1952–1999: incorporating human capital accumulation[J]. China Economic Review, 14(1): 32-52.

Wu M, Cao X. 2021. Greening the career incentive structure for local officials in China: does less pollution increase the chances of promotion for Chinese local leaders?[J]. Journal of Environmental Economics and Management, 107: 102440.

Zhang J, Mu Q. 2018. Air pollution and defensive expenditures: evidence from particulate-filtering facemasks[J]. Journal of Environmental Economics and Management, 92: 517-536.

Zhang Q, Yu Z, Kong D M. 2019. The real effect of legal institutions: environmental courts and firm environmental protection expenditure[J]. Journal of Environmental Economics and Management, 98: 102254.

Zhang Y Q, Liu C G, Li K, et al. 2018. Strategy on China's regional coal consumption control: a case study of Shandong Province[J]. Energy Policy, 112: 316-327.

Zhao S, Liu S L, Hou X Y, et al. 2018. Temporal dynamics of SO_2 and NO_x pollution and contributions of driving forces in urban areas in China[J]. Environmental Pollution, 242: 239-248.

Zheng S Q, Wang J H, Sun C, et al. 2019. Air pollution lowers Chinese urbanites' expressed happiness on social media[J]. Nature Human Behaviour, 3(3): 237-243.

Zhong N, Cao J, Wang Y Z. 2017. Traffic congestion, ambient air pollution, and health: evidence from driving restrictions in Beijing[J]. Journal of the Association of Environmental and Resource Economists, 4(3): 821-856.

Zhou N, Levine M D, Price L. 2010. Overview of current energy-efficiency policies in China[J]. Energy Policy, 38(11): 6439-6452.

Zhu J M, Wang J L. 2021. The effects of fuel content regulation at ports on regional pollution and shipping industry[J]. Journal of Environmental Economics and Management, 106: 102424.

Zou B, You J W, Lin Y, et al. 2019. Air pollution intervention and life-saving effect in China[J]. Environment International, 125: 529-541.